収納王子コジマジックの

魔法のかたづけ術

アスペクト

Prologue

きれいなお部屋で
あなたを笑顔にしたい♪
収納王子コジマジックです

子どものころから片づけ上手で、きれい好き

生まれてから一度も、部屋を散らかして両親に叱られたなんてことがありません。それには、ひとつ年上の兄の影響が大きいです。兄は、小さいころから片づけや収納がものすごく苦手な人でした。しょっちゅう部屋を散らかしては「片づけなさい」「お掃除しなさい」と注意されているのを見てきたので、それが反面教師になったんですね。ぼくは兄が注意を受けているスキに自分のスペースをこっそり片づけるようになりました。

きれいになった部屋を見せて、「お前はできる子やなあ」と両親にほめてもらえることが、すごくうれしかったです。「きれいにすれば、ほめてくれるんや」っていう喜びが子ども心にありまして。それから、部屋の片づけが大好きになりました。

母も片づけや収納が大好きで、ＤＩＹまでするような人です。カラーボックス（以下、カラボ）を組んだり、古い家具にカッティングシートを貼ってリメイクしたり、押入れのフスマをはずしてロールスクリーンを取りつけたり、という作業を本当によくやっていました。それを手伝うなかで、ＤＩＹのコツや工具の使い方などを自然と教わっていたんですね。

見よう見まねで部屋づくりを楽しんでいた

学校を卒業して、松竹芸能の芸人になってからのこと。テレビ番組でちょっとした収納テクニックを披露したら、スタッフさんや視聴者の方から「なるほど！」と驚かれました。ぼくとしては当たり前だったことが、意外な反応をもらえて、自分の特技にはじめて気づきました。

たとえば「縦型に収納する」などといった収納の基本は、母が昔から実際におこなっていたこと。ぼくは母の方法を、見よう見まねで身につけて、楽しみながら実践していたんだと思います。

収納が大好きな母と
幼稚園の卒園式にて

2000年の「オーケイ」。
イキリすぎてて笑えません……

初期の収納王子コジマジックは
手にバラ、袖にフリル（笑）

笑いを取り入れた収納セミナーを
全国で開催しています

東京で勝負するには、何か足りない……！

これまで、松竹芸能の漫才コンビ「オーケイ」としては大阪で約16年、東京進出して約2年、活動を続けています。同期のなかで、ぼくらはいつも2番手でした。

「何か足りない。東京で勝負するにはプラスの要素がいる！」

そう思っていたころ、松竹芸能のホームページにぼくのコーナーができて、靴箱や机を安く手づくりするアイデアをアップしました。すると某テレビ局のプロデューサーさんがたまたま見てくれて、あるテレビ番組で、ぼくが視聴者の方の部屋を片づけるという企画を組んでくれたんです。これが視聴者の方に好評で、部屋の片づけができて笑いも取れる「収納芸人」としての活動がはじまりました。

「収納王子コジマジック」が動きはじめた

とはいえ、手先が器用なだけの人なら、ぼく以外にもたくさんいる。「収納芸人」という肩書きだけでは、説得力に欠けてしまう。そこで旧知の仲であるディレクターさんとあれこれ相談したところ……ちょうど「○○王子」が流行っていたので「収納王子」にしよう！　王子だから白い衣装を着ようか！　そしてまるで魔法（マジック）のように片づけるから名字をもじって「コジマジック」にしよう！　……という流れで

「収納王子コジマジック」が誕生したわけです。これをきっかけに、東京進出を決めました。

漫才と、部屋の整理＆収納は、似ている！

漫才のネタって、使い捨てなんですよ。時間をかけて、しんどい思いをしてつくっても、人前で披露するのはほんの数回きり。だけど、一生懸命つくったので、なかなか捨てられない。大阪時代はダンボールにして5箱分ほどのネタを保存していましたね。東京進出を機に、それらを1個1個、整理してみたら……なんと9割がもう使えないネタだったんです。活かせるネタはファイル1冊に収まりました。いままで大切にしていたつもりが、いらないモノに場所を取られていたんだ、と気づいてショックでしたが、それで心と頭の整理ができました。スッキリと、あらたな気持ちで芸人として本当のスタートを切れたんです。

ぼくも昔は、使えない漫才のネタを捨てられなかったんですよ

いくつ当てはまりますか？
「幸せ快適ライフへの道」
チェック

CHECK

理想の生活は、あなたの現状を
知ることからはじまります。
次の項目のうち、当てはまるものに
自分に厳しくチェックを入れてみましょう。

☐ テレビやエアコンのリモコンを探すことが多い

☐ 体形に合わない服を「いつか着られるかも」と取っておく

☐ 部屋の掃除に毎回、時間がかかる

☐ 使わなくなった美容アイテムが部屋に残っている

☐ 帰って着替えた服は、テーブルやソファにとりあえず置いている

☐ モノをあまり吟味せずに、なんとなく気分で買うことが多い

☐ かわいい紙袋や丈夫な紙袋はたいてい捨てずに取っておく

☐ ゴミの分別が苦手で、たまりがちだ

☐ 家電の取り扱い説明書を探すのに時間がかかることが多い

□ 押入れやクローゼットに、中身のわからない謎の段ボールがある

□ いつも買う商品が特売になっていると、とりあえず買っておく

□ 空き箱やビン類を「いつか使えるかも」と捨てないことが多い

□ 部屋が散らかっていても、掃除をおっくうに感じることが多い

□ 出かける前に、自転車や車の鍵が見つからないことが多い

□ 単品で買うよりお得なセット品を買うことが多い

□ 大掃除をすると、たいてい賞味期限切れの食品が見つかる

□ 化粧品やシャンプーなどの試供品は必ずもらうようにしている

□ 家電を新しく買い替えても、古い家電を捨てないことがある

□ 部屋を片づけても、すぐに散らかることが多い

□ 冷蔵庫の奥から、使いかけの野菜が出てくることがある

□ 目的もなく100円ショップに寄って衝動買いすることがある

□ 半年以上前のファッション雑誌やカタログを持っている

□ 家に知り合いを招くことがほとんどない

□ 服が多くて、着たい服をすぐに見つけられない

□ 毎日使うトイレットペーパーなどは多めに買い置きしている

□ 新聞を捨てるタイミングを逃し、何か月分もためがちだ

□ 1年以上使っていない調理器具がある

□ 昔の手帳や日記帳を捨てずに残している

□ おしゃれ好きで、シーズンごとに服を買い足している

□ ポイントカードや割引券は、もらえるなら必ずもらっている

いくつ当てはまりますか？
「幸せ快適ライフへの道」
チェック結果

15個以上

幸せな暮らしは、はるか遠くに

ダメダメ人生さん

あなたはずばり、困ったちゃん状態。壊れた家具やペットボトルの山など、ゴミ同然のモノと一緒に生活しているのでは？　まずは自分に必要なモノを見極める方法と、モノを処分するコツから学んでいきましょう。

10～14個

ハッピーが逃げていく……

モノ多すぎさん

まさに残念な状態。収納グッズは揃っているのに、モノが大量すぎて部屋はごちゃごちゃ。何がどこにあるかわからず、探しモノに時間がかかってイライラすることも多そう。まずはモノの整理方法から覚えましょう。

快適ライフの予感が見え隠れ

5～9個 やや買いすぎさん

あと少しで快適な暮らしがやってくるのに、惜しい！　モノに対する意識がやや低いのかもしれません。お買い得品に弱く、衝動買いをしてしまうのでは？　本書で意識を変えて、最高級のハッピーをつかみましょう。

4個以下

心地良い部屋で、
幸せを満喫♪

すてき生活さん

モノに対して、かなり高い意識の持ち主です。自分に必要なモノやお気に入り品だけを厳選していることでしょう。部屋はいつも片づいていて必要なモノがすぐ取り出せる状態。本書で、さらに高いレベルを追求してみて。

モノの整理＆収納がうまくなると3つのハッピーが待っている!

意識が変われば、片づけ上手になれる！コツをつかんで快適な暮らしをめざそう

どうして、部屋が散らかるのか？　どうして、うまく片づけができないのか？　それは、モノと人との関係をきちんと理解していないことが原因です。

現代人は、多くの種類のモノのおかげで人生を豊かにし、幸せをつかんできました。けれど、大量のモノをうまく整理できないせいで、日々の生活にわずらわしさが増えている面もあります。

つまり、モノと人との関係がうまくいけば、あなたはもっと幸せになれます。意識が変われば、だれでも、すんなりと、いまより快適な生活を手に入れることができるのです。

この章で紹介する整理＆収納の基本は、お金や時間をかけずに、気軽にチャレンジできるものばかり。はじめは慣れるまで時間がかかるかもしれません。だけど、ひとつひとつを理解して、意識を変えていけば、あなたの理想とする心地良い生活が、向こうから舞い込んでくるはずです。

HAPPY 1 時間的メリット

モノをすぐに出し入れできるため、ムダな動きが減ります。掃除、洗濯、調理といった家事にかかる時間がみるみる短くなり、また、鍵やリモコンなどの探しモノも減ります。あまった時間を有効に活かして、自分の趣味や好きなことに使ってみましょう。

HAPPY 2 経済的メリット

買い置きがどれくらいあるのか、どれだけの数が足りないのかがひと目でわかり、自分の持っているモノの数を把握できます。すると、ムダ買いや二度買いがなくなり、いまより確実に、お財布に余裕が生まれます。貯金に、旅行にと、自分の好きなことに回せるのです。

HAPPY 3 精神的メリット

目的のモノがすぐに見つかると、イライラした気持ちが消えます。さらに、いつも部屋がきれいなので「掃除しなくては」という緊張から解放されます。リラックスして、気持ちにゆとりが生まれ、心地良い生活が送れるように。いつも笑顔で過ごすことができます。

理想の部屋をイメージして幸せな暮らしをめざそう

いまの暮らしを、どう変えたい？具体的に書き出して未来を想像しよう

あなたのモノに対する意識を変えるために、もうひとつ重要なこと。それは、「こんな部屋でこんな暮らしをしたい」と具体的に理想をイメージすることです。

まず、部屋に関する悩みを、具体的に書き出してみましょう。たとえば、「靴箱が狭くて5人家族の靴をうまく収納できない」「いつもニンジンを使いきれずに冷蔵庫で腐らせてしまう」「ワンピースに合わせたいベルトがすぐに見つからなくて遅刻してしまう」など、困っている内容をできるだけ細かく紙に書き出してみるのです。

次に、理想の暮らしのイメージを書き出します。こちらも、できるだけ具体的に、想像（妄想でもOK♪）をふくらませて書いてください。こうすることであなたの理想がはっきりして、どの場所をどのように整理すれば悩みを改善できるのかわかります。ライフスタイルは十人十色。あなたの理想を自由に思い描いてみて。

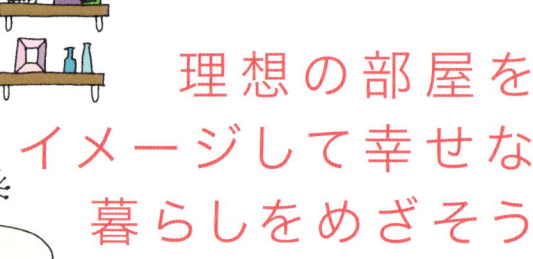

現状　部屋に関して悩んでいること

例　服が多すぎてクローゼットが満杯
夏服と冬服がごちゃごちゃになっている
部屋にも脱いだ服が散らかっていて足の踏み場がない

理想　こんな暮らしがしてみたい

例　北欧っぽい家具の揃った、
おしゃれな小物しか置いてないカフェっぽい部屋で、
ゆったりと落ち着いてお茶や読書がしたい

Contents

Prologue

幸せ快適ライフへの道

Part 1

基本は4つのステップ！

魔法のかたづけ術

Part 2

ミラクル大改造！

かたづけられない人々のお宅訪問＆模様替え

Part 1

基本は4つのステップ!

魔法のかたづけ術

部屋の片づけに悩む前に散らかってしまう原因を見直そう

捨てられないのに、新しいモノを追加……部屋にモノが多すぎると片づくはずがない

部屋が散らかる原因は、ずばりモノの多さにあります。家じゅうにあるアイテム数を数えてみたら、意外に多いもの。たとえば、Tシャツは何枚ありますか？　バスタオルは？　グラスは？　トイレットペーパーの買い置きは？　そう聞かれて即答できる人はほとんどいないはずです。

そこに「安くなっていたから」「新商品だから」「限定品だから」「ひとめぼれしたから」といった理由で**なんとなく購入していると、いつの間にかどんどんモノが増えていきます。**

さらに、「いつか使うかも」と紙袋やレジ袋を取っておいたり、「いつかまた着られるはず」と体形に合わなくなった服を残しておいたりしていませんか？　その「いつか」はいつくるのでしょう？　**モノを処分しない一方で、モノを追加していたら、家のなかは大量のモノであふれしまい、きれいに片づくはずがありません。**

モノを大切にするということは、使わずに残しておくことではなく、必要な場面でちゃんと使ってあげることですよ。

いつの間にか？ 気づかないうちに？ どうしてモノが増えるのか

- まわりが持っているモノを欲しくなるから
- 無料のモノを何でももらってしまうから
- 流行を追ってモノを買ってしまうから
- お得だからとセール品を買ってしまうから
- 「期間限定」「季節限定」に弱いから　etc.

もったいない精神がアダに？ どうしてモノを捨てられないのか

- 「モノを大切に」と教わって育ったから
- 壊れていないから（まだ使える家電製品など）
- 割れたり欠けたりしていないから（カップだけ割れて残ったソーサーなど）
- 捨てたら悪いことが起きそうでこわいから（ぬいぐるみや人形など）
- 買ったときの値段がとても高かったから
- 目上の人にいただいたモノだから
- 小さくて邪魔にならないモノだから
- 思い出のモノだから
- 処分する方法（分別方法）がわからないから　etc.

部屋をきれいに
キープするための
4つのステップ

モノの「片づけ」「整とん」よりも先に
まずは「分ける（整理）」「しまう（収納）」

部屋をどんなにきれいにしても散らかってしまう理由は、モノが多いだけではなく、整理&収納の基本を間違えているからです。左ページのピラミッドのように、**部屋をきれいに保つには「整理」「収納」「整とん」「片づけ」の4つのステップを追うことが基本です。**

そもそも「片づけ」という言葉には、「使ったモノをもとの場所に戻す」という意味があります。また、「整とん」とは「モノを見栄え良く整える」ことです。つまり、片づけるためには、前もってモノの置き場所を決めておく必要があります。

しかし、適当な場所にモノを置いて、なんとなくきれいに仕上げた気分になっている人が多いのではないでしょうか?

仮に、使わない食器が多すぎてキッチンに入りきらず、クローゼットの奥に隠したとします。パッと見はきれいでも、大掃除のときにまた困ることになりますよね。

部屋をきれいにするためには、何よりもまず「片づけ」と「整とん」の土台となる「整理」と「収納」が重要なのです。

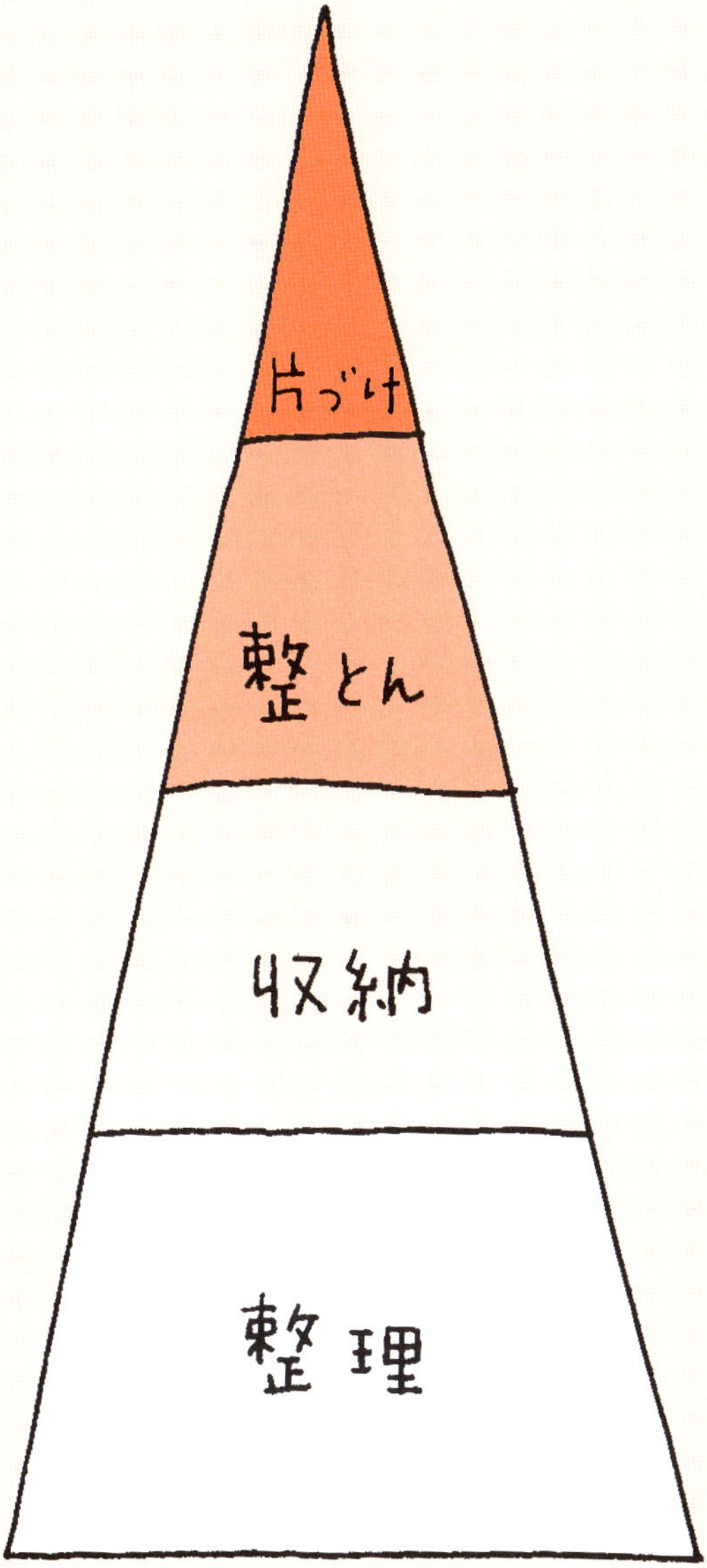

「整理」「収納」で しっかり土台づくり 「整とん」「片づけ」で メンテナンス

● 片づけ

使ったモノをもとの場所（決めた位置）に戻す。きれいな部屋をキープするために毎日（または週1回など定期的に）おこなう。

● 整とん

部屋のインテリアを考えて、モノの色や素材、デザインなどを揃える。見栄え良く配置して、見た目を整える。

● 収納

自分や家族にとって使いやすく、かつ戻しやすい場所を決めて収める。より使いやすいように寸法を測って細かく区切るなど、工夫をする。

● 整理

使っているモノと使っていないモノとを区別する。自分に必要なモノの量を決める。使っていないモノを減らす（処分する・だれかに譲る・売る・寄付するなど）。

これであなたの
部屋も美しく！
整理＆収納の6つのコツ

1 使っているモノ、使っていないモノに分ける

部屋にあるモノを全部出して、数量を自分の目で再確認し、使っているモノと使っていないモノに分ける。

→ P24

2 必要なモノの量を決める

自分や家族に必要な最低限の量はどれくらいか、アイテムごとに決めていく。

→ P28

3 使う頻度ごとにモノを分ける

毎日使うモノ、2〜3日に1回使うモノなど、使う頻度ごとに分けていく。

→ P32

4 動線を考えてモノを収納する

自分や家族の動きや、収納スペースの位置、高さを重視して、それぞれの収納場所を決める。

→ P36

5 モノに指定席をつくる

それぞれのモノの置き場所を決めて、使ったらもとの場所に戻すことを習慣づける。

→ P40

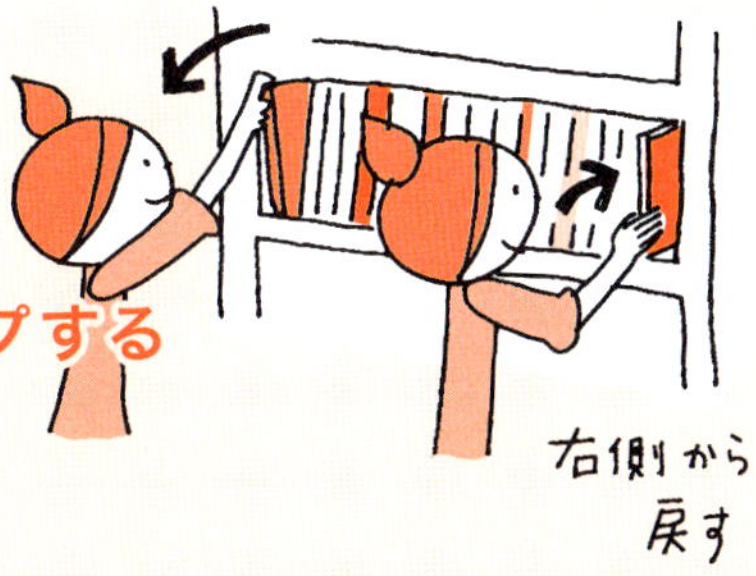

6 きれいな部屋をキープする

モノに対する意識が変わると、毎日の片づけも苦にならなくなる。

→ P44

整理＆収納のコツ_1

使っているモノ、使っていないモノに分ける

片づけたいスペースのモノを全部出して　どれくらいの数量があるかを知ろう

モノは、日常的にどんどん増えていきます。**目に見えない場所に収納しているままだと、モノの多さに気がつきませんが、全部出してみると、思っている以上の数量があるものなのです。**

たとえばあるひとり暮らしの女性のクローゼット（秋冬モノのみ）だけでも、下着15セット、Tシャツ20枚、ブラウス7着、スカート7着、ジーンズなどのパンツ7着、ワンピース5着、カーディガンなどの羽織モノ4着、靴下15足……と、計95点が入っていました。

これに春夏モノを足すと、さらにものすごい量になります。クローゼットひとつでこの量ですから、家じゅうには想像を絶するほどのモノがあるはずです。

さらに、季節ごとに新商品を購入していたら？　体形に合わない洋服や、壊れていないけれど古い家電を残したままでいたら？　もうおわかりですね。

美しい部屋をめざすには、「使っているモノ」「使っていないモノ」に区別することが重要なのです。

「出す」→「分ける」→「しまう」の3ステップで整理する

- まずはモノを全部「出す」。こんなにいっぱいあったなんて！自分の目で再確認すると、あらためて数量の多さに驚くはず。

- 次に、使っているモノと、使っていないモノに「分ける」。1年以上使っていないモノは、思い切って後者に。

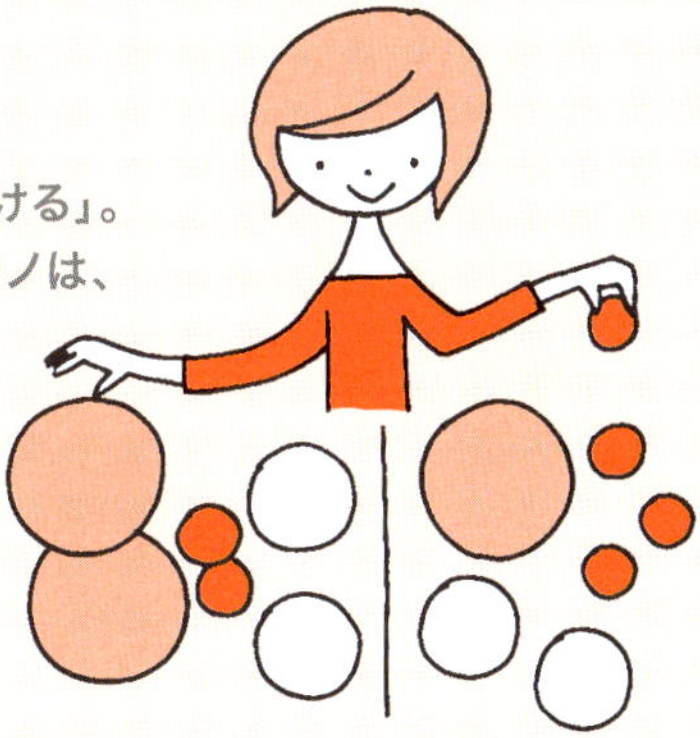

- そして、使っているモノだけを収納スペースに「しまう」。使っていないモノは決して、しまい込まないように。袋やダンボールに入れておき、良いタイミングで処分したり、だれかに譲ったりしよう。

いるモノ、迷うモノ、いらないモノの
３種類に分けてみよう

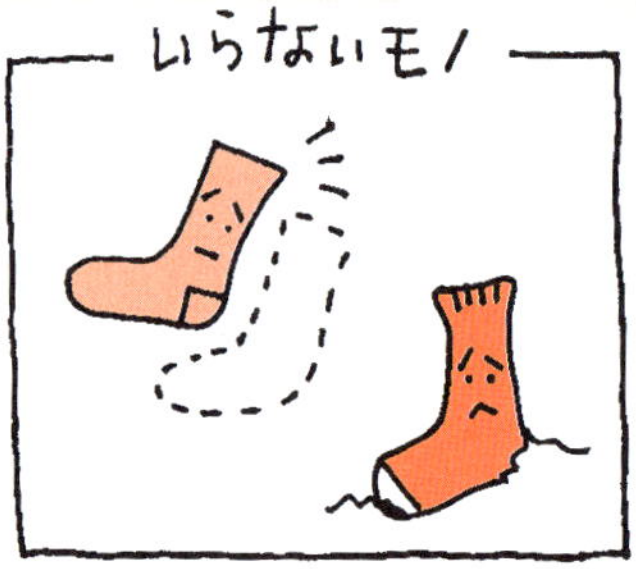

● 「いるモノ」はすぐ選べるけれど、
「いらないモノ」を判断するのはけっこう難しい。
そこで「迷うモノ」も選択肢に入れてみて。
迷うモノの中身は、あとから細かく判断すればＯＫ。
まずは分けてみることが大切。

難しかったら、いま使っているモノ、使っていないモノの2種類に分けてみよう

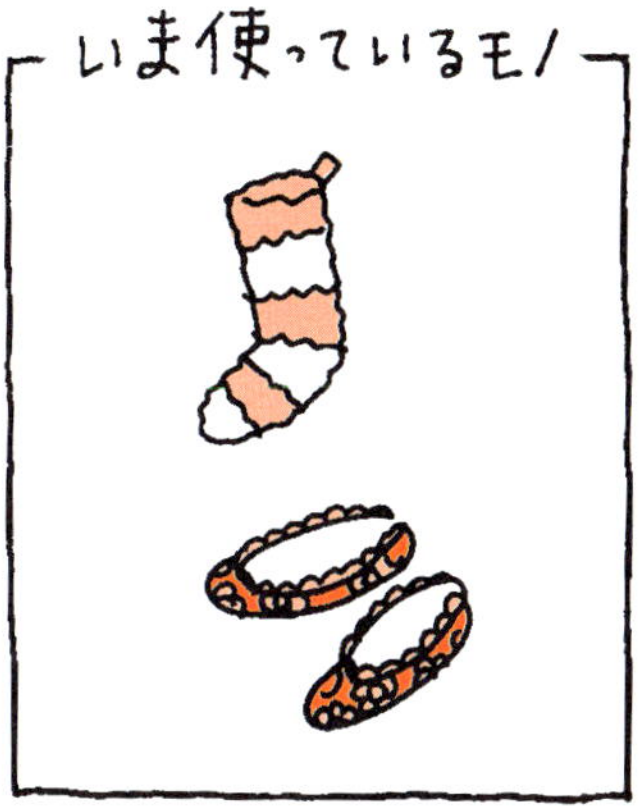

● 「いつか使うかも」という未来形や、
「高かったから」という過去形で考えると、
迷うモノが多すぎる結果になることも。
そこで、「いま使っているか、使っていないか」の
現在進行形で考えてみると、もっとラクに分けられる。

整理＆収納のコツ_2

必要なモノの量を決める

どんなモノが、どれくらいの量が必要か？ 場所ごとやアイテムごとに見極めていく

人それぞれにライフスタイルが違うように、必要なモノの量も人によって異なります。家族構成や生活シーン、家のつくり、収納スペースの大きさによってまちまちですが、あなたに最低限必要な量を見極める方法があります。

たとえば、「Tシャツはシーズンごとに各100枚必要」なんてことは、まずありませんよね。生活タイプにもよりますが、せいぜい10〜15枚あれば、ワンシーズンのなかで着まわせるはず。

どんなモノが必要で、最低限どのくらいの量があれば良いのか。これをきちんと見極めて、決めていくことが大切です。

いつの間にかモノがどんどん増えていく、ということを防ぐために、**新しくモノを購入したときは、必要な数量をキープできるよう、いらないモノ（いま使っていないモノ）を処分しましょう。**

これに慣れたら、セールで衝動買いしそうになったとき「家にあるあの服を捨てるくらいなら、我慢しよう」と考えてムダ買いが減らせます。

★ 動線を考えてモノを収納する

まずはクローゼットや食器棚、
冷蔵庫といった収納スペースの大きさを第一に考えて、
どれくらいの数量を収納できるのか割り出そう。
そこに入る量しか持たないと決めたら、
目につく場所にモノがあふれることがなくなる。
重要なのは、詰め込みすぎないこと。
収納スペースの大きさに対して
８割にモノを入れることを目安に、
余裕をもって収納しよう。

服 着ている服だけを オン／オフでキープ

オンシーズン、オフシーズンで、
各アイテムが何着いるかを見極める。
会社勤めなら通勤着としてブラウス５着、
スカート５枚、スーツ３着、
週末用にカジュアルワンピース３枚と
いったように、自分なりの量を決めて。
上着やTシャツは曜日ごとに変える、
ボトムスは２～３着をローテーションにする、
など自分のルールをつくってみて、
本当に必要な数を割り出そう。

食器　使っていないモノは処分する

フチが欠けている食器や
趣味の合わない引き出物などを、
食器棚の奥にしまい込んでしまったら最後。
いつまでも使うチャンスは
やってこないので、いさぎよく処分しよう。
いま使っている食器、使っていない食器を
分けて、いま使っている食器のみ、
使いやすい棚の位置に戻していく。
グラス、湯のみ、大皿、小皿、深皿、
ご飯茶碗……などとアイテムごとに整理を。

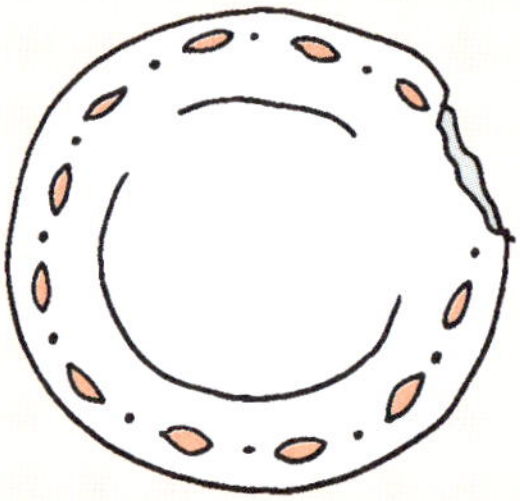

雑貨　紙袋などは、使う分だけ残す

こまごました小物は数を把握しづらいもの。とくに紙袋は、
どんどん増えていく代表選手。棚のすき間に「とりあえず」のつもりで
挟んだまま、というお宅も多いのでは？
サイズ別に、❶大（重いモノを運ぶ用に丈夫な紙袋）、
❷中（人にモノを渡すとき用にかわいい紙袋）、❸小（ゴミ箱の代用に）各５枚、
といった具合に枚数を決め、それ以上増えたら古い紙袋は処分しよう。

書類 情報の古いモノはどんどん処分する

書類は「重要だから残しておこう」という心理が働くアイテム。気がつけばファイルがパンパンにふくらんでいることも多い。書類を増やさないコツは、期限を決めて処分すること。DMなどは、受け取ったらなるべくその場で判断する。

雑誌 気に入った記事だけ切り抜く

雑誌もどんどんたまってしまうアイテムだけど、丸ごと1冊分をとっておく必要はない。自分に必要な記事だけを切り抜いてファイルしよう。古い雑誌を処分する目安は、新しい号が出たタイミング（週刊誌なら週1、月刊誌なら月1）だが、自分の感覚で決めてみてOK。

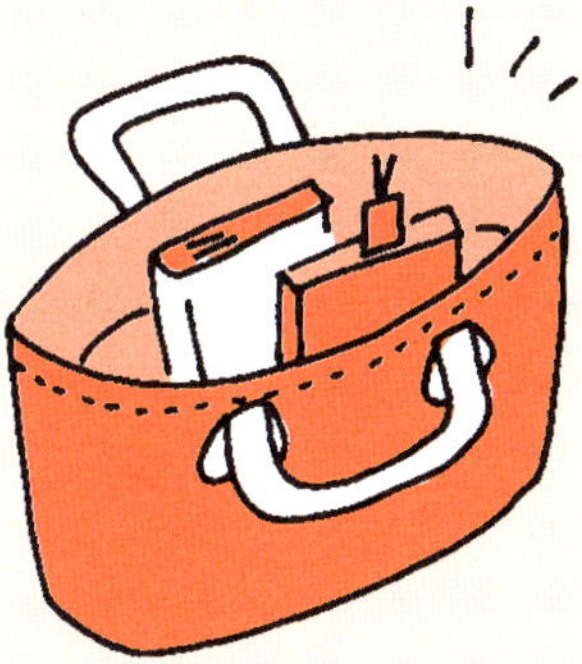

本 本棚に入る数量だけ持つ

情報の賞味期限は短い。大きな本棚に図鑑が揃っている家庭もあるが、たいてい6割は読まない本。二度と読まないような本はリサイクルショップに売る、知人にあげるなどして処分を。いま読んでいる本しか持たないという究極の方法を実践している整理＆収納達人もいる！

整理＆収納のコツ_3

使う頻度ごとに モノを分ける

毎日使うモノを最優先！ 使うペースに合わせて収納する

整理したモノの収納を考えるときに大切なのは、それぞれのアイテムの使う頻度を考えること。

収納ベタな人は、あまり使わないモノを収納スペースにしまい込むので、毎日使うモノの置き場が見つからずに困ることが多いものです。そのため、「どこにあるのかわからない」「すぐに使いたいのに見つからない」と探しモノばかりしてイライラしているわけです。

そこで、発想の転換。**毎日使うモノから優先して収納スペースに置いてみましょう。**

まずは、❶毎日使うモノ。次に、❷2～3日に1回のペースで使うモノ、❸週1ペースで使うモノ、❹月1ペースで使うモノ、そして最後に❺シーズンモノなど年に一度くらい使うモノです。

使う頻度ごとの整理ができたら、❶（毎日使うモノ）から❸（週1で使うモノ）までを「より使いやすく、かつ、しまいやすい場所」に収納していきます。❹月1程度（または❺年に一度）しか使わないものは、奥のほうに収納しても構いません。

同じ種類のアイテムでも使う頻度はいろいろ
使うシーンを細かく考えて分けよう

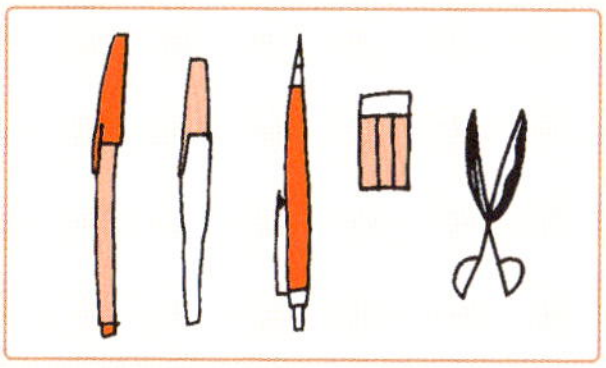

❶ 毎日使うモノ

❷ 2〜3日に一度使うモノ

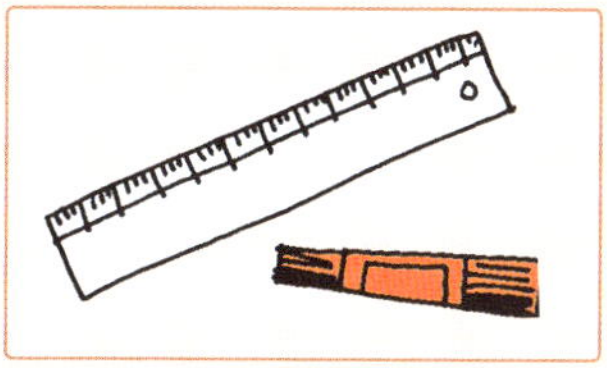

❸ 週に一度使うモノ

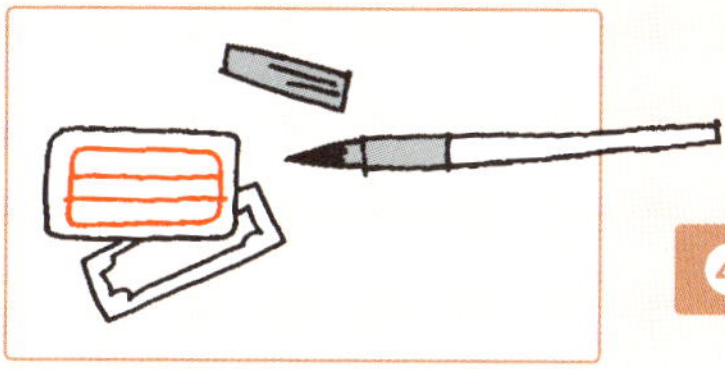

❹ 月に一度使うモノ

❺ 年に一度使うモノ

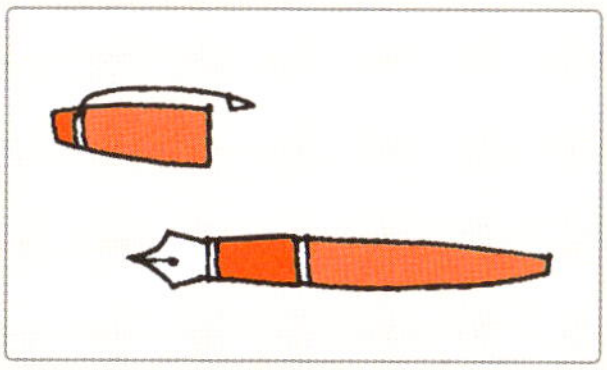

❻ 使わないモノ（→P34）

「もしかしたら」「いつか」使うかも？
賞味期限を書いて目につきやすい場所に置く

● 使う頻度で分けていくと、
「もう使わない」と思うモノも出てきます。
処分できないようなら、いさぎよく、
使わないモノ用のダンボール箱
（名づけて“優柔不ダンボール”）を用意しよう。
中身のアイテム名と、収納した当日の日付、
その日から１年後の日付（賞味期限）を明記。
遅くとも３年後にはほとんど処分できるようになる。

● “優柔不ダンボール”は、
部屋のはしっこや押入れの奥など、
目に見えないような場所にしまい込んではＮＧ。
生活のなかでいつも存在を意識することが大切なので、
あえて玄関や廊下など目立つ場所に置こう。
遊びにきた友人に譲ったり、フリーマーケットで売ったり、
賞味期限が過ぎたらボックス内を点検したりと処分がしやすくなる。

使いたいときに、すぐに使える！
目的ごとにグループ分けしてセット収納

● 服にアイロンをかけるときにアイロンと霧吹きは用意できたけれど
肝心のアイロン台がない……なんて経験が一度はあるのでは？
同じシーンで使うモノは、
同じ場所にセットで収納しておくと、使いやすい。
お掃除セット（洗剤、雑巾、ブラシ、バケツなど）や
家計簿セット（ノート、ボールペン、電卓など）といった
組み合わせも便利。

● グループ分け（セット収納）で
大切なのは、ひとつのアイテムを
ふたつ以上の目的で共有しないこと。
たとえば家計簿用ボールペンと、
電話機の近くに置いたメモ用ボールペンは
別々に用意しよう。ほかの目的で
使ってしまうと場所がわからなくなり、
探しモノに時間が
かかってしまうから注意して。

整理＆収納のコツ_4

動線を考えて
モノを収納する

とりあえずモノを置いてしまう場所は人の行動動線や、手の届く高さに関係アリ

家のなかで自分や家族がどのように動くか（行動動線）を考えて収納場所を決めることも大切です。

たとえばアイロンがけの場面をイメージしてみましょう。ベランダから洗濯物を取り込んで、すぐ近くの場所にアイロンとアイロン台がセットで収納してあれば、とても便利に使えます。だけど、収納スペースがほかにないからと洗面所に置いているとしたら、わざわざアイロンがけのたびに余計な動きとムダな時間を費やすことになります。

また、自分や家族の身長を考えて、スムーズにモノを出し入れできる高さに置くことも大事です。

手の届きやすい位置は、「中＞下＞上」と言われています。背の高い食器棚や冷蔵庫の場合、中くらいの位置にあるモノがいちばん取りやすいのです。

また、腰高の位置というのは、モノを置きやすい（散らかしやすい）場所でもあります。とりあえずの置き場にならないように、あえて飾りモノを置くなどして工夫してみましょう。

1 使う場所を意識する

P35のようにモノをグループ分けしたら、
それらを使いやすい場所に収納しておくことが大切。
たとえばリビングに観葉植物があるのに、
霧吹きを玄関に置いていたら、
水やりのたびにリビングと玄関を往復することに。
使いやすさを重視することは、
ムダな動きをなくすことにつながるので、
よく考えて場所を決めよう。

2 出入り口のまわりにモノを置かない

出入り口は、自分や家族が
1日に何度も通る場所。
行動動線が集まっているので、
余計なモノを置かないようにしよう。
たとえば買い物から帰ってとりあえず
玄関に荷物を置いてしまうと、
人が出入りするたびに
モノを動かす必要があり、面倒くさい。
ムダな時間をなくすためにも、
出入り口はスッキリと空けておこう。

3 ドアが開く方向を意識する

観音開きの食器棚の場合、
自分が右から左に動くことが多いとしたら、
左側の扉のほうが、よりスムーズに
食器を出し入れできる。
逆に、右側のスペースは扉によって
自分の手前がさえぎられ、手が届きにくい。
引き戸の場合は、右から左に通るとしたら、
扉を開けてすぐの場所がいちばん
使いやすいスペースに。

4 手の届きやすい位置は 中＞下＞上

背の高い食器棚や冷蔵庫は、
自分の目線の高さから腰くらいまでの
範囲（つまり中段あたり）がいちばん
手の届きやすく、モノをスムーズに
出し入れできる高さである。
ここに毎日使うようなモノを収納しよう。
次に使いやすいのが、下段。
上段はいちばん使いづらい。
出し入れのしやすさを考えて、
使う頻度ごとに収納していこう。

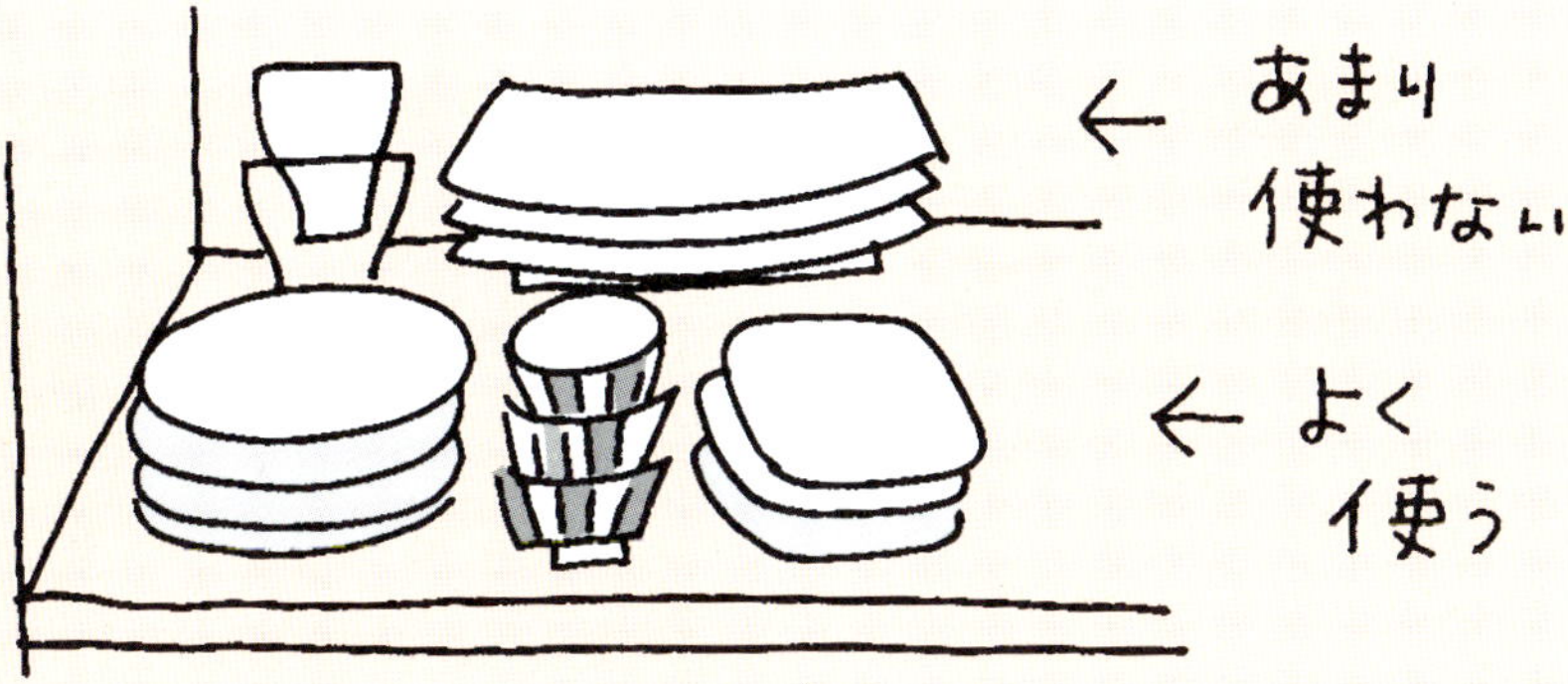

5 使う頻度ごとに置く場所を決める

たとえば食器棚の場合、毎日使う皿を奥に置いてしまうと、
使うたびに手前の皿を移動させることになり、ムダな動きが出てくる。
よく使うモノを手前に、あまり使わないモノを奥に、
といった具合に使う頻度を考えて収納しよう。同様に考えて、
観音開きのクローゼットなら、扉を開けた中心に、よく着る服を置こう。

6 上に重ねるよりも、縦に立てて収納

上下に重ねて収納するよりも、
縦に立てるほうがどこに何があるか
わかるうえに、取り出しやすくなる。
ポイントは、自分から見て縦に向け、
よく使うモノを手前に、
あまり使わないモノを奥に置くこと。
ブックエンドや書類ケースを活用すると、
フライパンなど収納しづらいモノも
縦置きにでき、出し入れしやすい。

整理＆収納のコツ_5

モノに指定席をつくる

置き場所を決める→使う→もとの場所に戻す→これを習慣に！

自分ではきれいに片づけたつもりなのに、すぐに部屋が散らかってしまうのは、モノを使ったあと、もとの位置にきちんと戻さないからです。

どうして、もとの位置に戻せないのか？

それは、**そもそも「もとの位置」となる、モノの「指定席」をしっかり決めていないから。戻す場所がなければ、戻しようがない。だからモノが散らかるのです。**

使ったあと、とりあえずの場所に置きっぱなしにしていると、部屋は散らかり放題。悪いときにはモノがなくなる危険性もあります。

これを防ぐために、**モノの「指定席」をつくりましょう。指定席をつくることで、「戻そう」という意識が生まれます。**

それぞれの収納場所がひと目でわかるようにし、使ったらいつもの指定席に戻す。

家族で暮らしているなら、全員がモノの指定席を把握できるように、わかりやすくする。

これを習慣づければ、美しい部屋をキープできます。

モノの指定席を決めたら「戻そう」という意識が生まれる

- モノの使いやすさを考えて、
置き場所を決めよう。
使う頻度と行動動線を考えると、
取り出しやすい場所が見つかってくる。
たとえば、月1ペースで服のほつれを
直すときに使う裁縫道具セットは、
クローゼットの下段に。
使ったら、必ず同じ場所に戻す習慣を
つけましょう。

- 使う場所を考えないで、
「ただスペースが空いていたから置いた」
では、ダメ。
モノには使い勝手の良い場所、
しまっておいても取り出しやすい
場所があります。
キッチングッズを洗面所に
置かないように、用途に合わせて
定位置を決めることが大切。
使うシチュエーション、ムダのない
動線を加味して決まった場所で管理を。

ラベルをつけて家族全員がわかるように

- どこに何が入っているか、
家族全員が知っていないとNG。
「お母さん、あれ、どこ!?」などと毎回聞かれて、
結局、探しモノに時間がかかることに。
中身がひと目でわかるように、
ネームシールなどにアイテム名を書いて
ラベリングしよう。

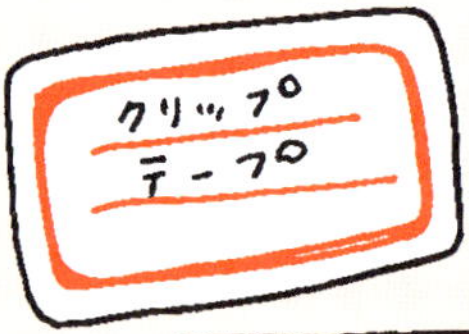

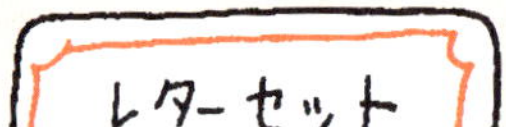

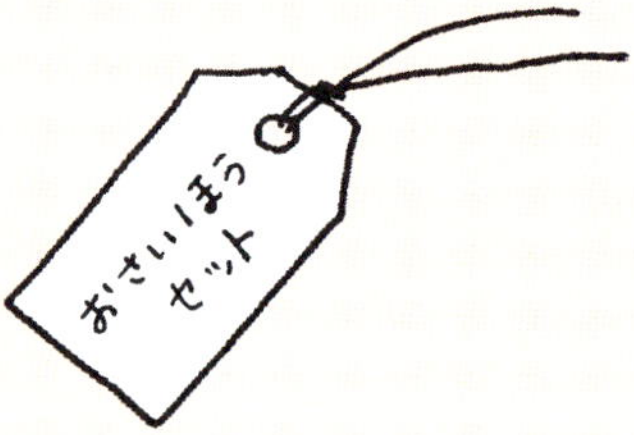

- ラベルやネームタグは、ちょっとした
工夫でつくることができる。
荷札に麻ヒモを通してナチュラルに。
シールにスタンプで印字してシンプルに。
カラフルなマスキングテープで、
メンバーごとに色を分けてもかわいい。
生活シーンに合わせて手づくりしてみて。
アイテム名はできるだけ詳しく、
だれでもひと目でわかりやすく書くのがコツ。

使い終わったら、指定席に戻す

● モノをとりあえずの場所に
出しっぱなしにしたり、
床に置きっぱなしにしたりすると、
どこにあるかいつの間にか
わからなくなってしまう。
モノを使い終わったら、
きちんともとの場所に戻すのが基本。
慣れるまでは、少し時間が
かかるかもしれないけれど、
続けていくうちに習慣化して
「使う」→「しまう」の動作が
ひとつのセットになる。

● たとえばテーブルでボールペンを使ったあと、
なんとなくポイッと置きっぱなしにしてしまうと、
上に重ねた書類などに隠れてしまう。
次に使うときに見つからなくて困ってしまう結果に。
だけど、筆箱を右端に置く、とひとつルールを決めてしまえば、
「使う」→「しまう」の流れができる。この動作に慣れたら、
自然と片づけの習慣がついている。

整理＆収納のコツ_6

きれいな部屋をキープする

「整理」「収納」のベースが組みあがったら「整とん」「片づけ」でメンテナンスする

整理＆収納をマスターしたら、あとは「整とん」「片づけ」のコツをつかみましょう。「整とん」とはP21で紹介したように、「部屋のインテリアを考えて、モノの色や素材、デザインなどを揃える。見栄え良く配置して、見た目を整える」ということです。**部屋の見た目が美しければ、汚すのが嫌になってくることでしょう。**

また、「片づけ」とは、「使ったモノをもとの場所（決めた位置）に戻す。きれいな部屋をキープするために毎日（または週1回など定期的に）おこなう」ということ。**たとえ散らかったとしても、使ったモノをもとの場所に戻せば、美しい部屋を保つことができます。**

それでも、人とモノとの関係は複雑なもの。毎日の生活のなかで環境が変わることもあります。

そこで、整とん＆片づけするモノを場面ごとに分けてみましょう。食器や食材など毎日使うモノは、その日のうちに。週に何度か外出する人は、外出着やバッグなどをその週末のうちに。こういった具合に、ペースをつくりましょう。

モノの色や素材、デザインなどを揃えて見栄え良く配置し、見た目を整える

- 複数のカゴやバスケットに分けてモノを収納する場合、カゴの色や素材、デザインのテイストを揃えてみよう。シンプルな部屋なら白いプラカゴ、ナチュラル系のインテリアなら籐のバスケットを。カゴのなかも、仕切り板などを使って細かく区分けして、アイテムごとに収納。取り出しやすく、しまいやすい、といった点をポイントにして美しい収納をめざして。

- 文庫本やCDアルバム、DVDは、それぞれのサイズがほぼ均一なので、高さを揃えやすいアイテム。アイテム別に、DVD数枚、CDアルバム数枚、文庫本数冊、といった具合に階段状に並べると、美しく整う。逆に、高さを揃えないとガタガタになって、必要以上に散らかっているように見えてしまうから残念なインテリアになってしまう。

時間軸で並べると、使っていないモノがわかる

● 聴くことが多いCDアルバムや、よく観ているDVDは、聴いたり観たりしたあと、棚の右側から戻すよう習慣づけて。自然と、お気に入りのCDアルバムやDVDは右側に集まり、あまり興味のないモノは左側に寄せられていく。このように時間軸でモノを収納すると、自分が使っているモノと使っていないモノがはっきり見えるようになる。左利きの人は、棚の左側から戻す方法でOK。

新しいモノを買ったら、同じ数量を減らす

● 時間軸に並べる方法を続けていって左側に集まったCDアルバムやDVDは、実はあなたにとって「使っていないモノ」。これらは残しておく必要がないので、新しいモノを購入したときに、左側のモノから同じ数量を処分（2枚買ったら2枚処分）して、新しいモノを右側から入れる。これがモノを増やさない収納のコツ。この方法は、本や雑誌、書類などにも活用できる。

収納達人になれば、モノへの意識が変わる

- ここまで整理＆収納をマスターすれば、自分にとって何がどれくらい必要なのか、はっきりわかるようになっているはず。たまたま立ち寄ったお店でタイムセールをやっていても、「いまの自分は、このアイテムをこれくらい持っているから、同じモノはいらない」と吟味できる。どんなに安売りされていても飛びつくことがなくなり、衝動買いやムダ買いが減る。

- さらに、余分なモノに使っていたお金や、ムダな買い物時間も減ることに。ムダ買いをしなかったことで、爽快な気持ちできれいに片づいた部屋に帰ることができ、ゆったり家での時間を楽しめる。だんだん気持ちにゆとりが生まれ、精神的にも豊かに。収納達人に近づいたことでモノに対する意識が変わり、あこがれの快適ライフを手に入れることに！

コジマジックは見た！ 買いだめしすぎる人たち

どんだけトマト好きやねん？

ある相談主のお宅に、撮影でおじゃましたときのこと。キッチンからトマト缶が6個も出てきました。さらにリビングでもトマト缶を発見。そして、なぜか寝室からもトマト缶が。なんと家じゅうから合計20個も出てきたんです！　しかも半数は賞味期限切れ。実はそのお宅の奥さん、スーパーでいつもは1缶148円のところが特売で89円になっているのを見ると、必ず買ってしまうのだとか。その無意識買いの結果がこれというわけです。それにしても……どんだけストックするねん！

オイルショックか！

別のお宅では、撮影途中にトイレを借りようとドアを開けたらびっくり！　便座の横までトイレットペーパーが山のように積んであったんです。ここの奥さんも、「安いとつい買ってしまう」タイプで、「なくなると不安だから」と言うのですが……。ちなみにコンビニは家の目の前にあるそうです。

いやはや、みなさん、
いろんなモノを買いだめ
していますね〜。
買ったときは安心する
かもしれませんが、
二度買いは、時間＆お金の
ムダ使いですよ！

謎の段ボールの中身は……？

押入れの天袋に、謎の段ボールが置いてあるお宅も多いです。何が入っているのか尋ねても、本人すら「？？？」状態。しまいこんだままで、中身を忘れてしまっているんです。開けてみると、思いもよらないモノが出てきますよ。たとえば、ホテルから持ち帰ったアメニティの使い捨てスリッパを大量に保管しているお宅もありました。「なぜこんなに？」と聞いたら、「お客さんに新しいスリッパを出してあげたいから」。だけど、撮影でおじゃましているぼくや取材スタッフの足元は裸足のまま……。いろんなことを忘れていますよ！

Part 2

ミラクル
大改造!

かたづけられない人々の
お宅訪問&模様替え

キッチン編/冷蔵庫編/押入れ編

ミラクル大改造!

キッチン編

モノが散らかっていて料理がしづらい、掃除も大変、そんなキッチンのお悩み解決!

「棚から食器を取ろうとすると、手前にあるモノが落ちそうになります。鍋や調味料を置くスペースが足りなくて、調理台に出しっぱなし。掃除に時間がかかっています」

Wさんのおうちのキッチンは、食器に鍋にストック食品にと、見るからにモノがいっぱい。吊り戸棚は奥さんの身長に対して高すぎて、うまく使いきれていない様子です。

「カウンターテーブルの上には何も置きたくないのですが、長女の幼稚園グッズが積み重なっています。どうすればスッキリ片づくでしょうか?」

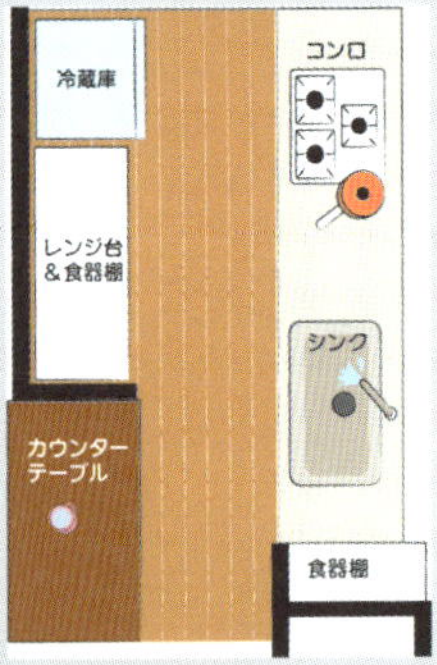

● ご相談者

神奈川県　Wさんご一家

夫(42歳)・妻(29歳)
長女(3歳)・次女(1歳)
分譲マンションの2LDKに4人暮らし

お悩み1
レンジ台なのに食器や家電製品のほか、薬箱や書類が混在

お悩み2
右側に毎日使う食器を置いているが、出しづらい

お悩み3
引き出しには使いかけの食材などを詰め込んでいる。何がどれだけあるのか不明……

お悩み4
カウンターテーブルは長女の幼稚園グッズ置き場に

お悩み5
下の棚に収納しきれない鍋がコンロ上に置きっぱなし

お悩み6
床にはゴミ箱代わりのダンボールがあって動きづらい

モノがあふれすぎでしょ！あかん！めっちゃワクワクしてきた（笑）

1 出す

まずは、すべてのモノを出す。電子レンジや炊飯器から、箸置きなどの小さなモノまでとにかく全部出して、何がどれくらいあるのか再確認することが大切です。

2 分ける

次に「使っているモノ」と「（1年以上）使っていないモノ」に分けましょう。家電製品、鍋、食器……と種類別にグループ化して並べていくことがポイント。

使っているモノ

↓

3 しまう

（1年以上）使っていないモノ

↓

処分する・だれかに譲る・売る・寄付するなど

NG.1
砂糖のストックはなんと8袋で、うち3袋は使いかけ。いくら甘党でも驚きの数

NG.2
うどんやパスタ、小麦粉などの粉モノもたっぷりストック

この量、
大家族
やん！

NG.3 箸やスプーン、フォークなどのカトラリー。4人家族には余りすぎるほどの量

NG.4 コーヒーカップやグラス類がまさに骨董市状態。ほぼ未使用のカップ類も大量にある

NG.5
活用できていない引き出しを開けると、レジ袋や紙袋があふれるように出てくる

NG.6
新品未使用の靴を発見。奥さんも「こんなところにあったんですか!?」とビックリ

NG.7
缶詰、調味料、ご主人がたしなむお酒など。なんと半分以上が賞味期限切れ……

それでは魔法をかけていきましょう！

コジマジック♪

BEFORE
こんなに
きれいに
なりましたよ～

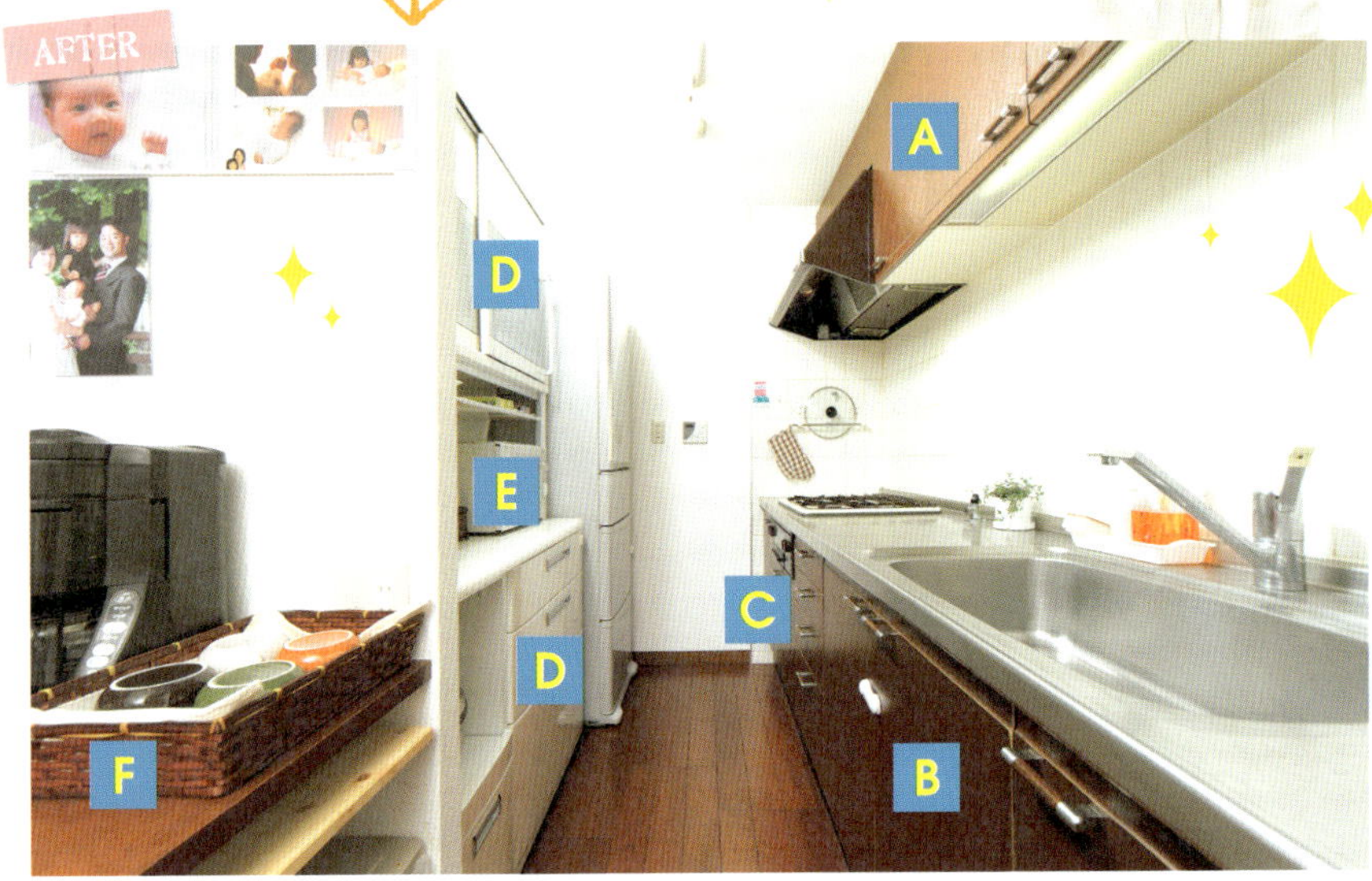

「使っているモノ」と「(1年以上)使っていないモノ」を区別して、使っているモノだけを収納すると、見違えるほどスッキリした空間に。こんなにきれいになったら、調理や掃除もしやすいことでしょう。

もちろん外見だけではなく、扉や引き出しの中身も美しい状態になりました。その秘密を、吊り戸棚からカウンターテーブルまわりまで、スペース別に紹介していきます。

A　吊り戸棚 ……→P55
B　シンク下 ……→P56
C　コンロ下 ……→P58
D　食器棚 ……→P60
E　レンジ台まわり ……→P63
F　カウンターテーブルまわり→P65

吊り戸棚

背伸びしないと届かないせいで、雑多なモノが混在していた吊り戸棚。高い位置には基本的に軽いモノ、あまり使わないモノを置き、取り出しやすい工夫をします。高すぎる最上段はあえて使わないという方法もあります。

白い化粧板3枚で**コの字ラック**をつくる（側面2枚は内壁に強力両面テープで貼りつけ、長い1枚を上に載せる）。**取っ手つきプラカゴ**を統一することで整った印象に変化。たまに補充するときだけ取り出す、使いかけの調味料の袋などをここに

ひと目で中身がわかるように、**麻ヒモ**で**荷札**を結びつけてラベリング

すべり止めシートをプラカゴの大きさに切って底に敷いておくと中身がすべりにくくて安心

別の棚には保存容器だけを置く。指定席を決めれば、使ったら戻す習慣がつく

シンク下

ここも鍋や保存容器、食器用洗剤のストック、ビニール袋などがぐちゃぐちゃに。シンク下には水を使う調理器具を置くのが基本です。また湿気や水気の影響を受けないモノを置くようにしましょう。

BEFORE

部品の欠けたラックは処分し、高さ調整や伸縮ができる**シンク下ラック**で空間を3分割。まな板、ザル、ボウルなど水まわりの道具をここに置くと使い勝手◎。最下段には重たい調理器具を

AFTER

100円スグレモノ

プラカゴ

プラスチック製のカゴ。デザインが豊富で、取っ手つき、積み重ね可能、連結可能など多数のバリエあり。使う場所の寸法や部屋のイメージを考えて選ぼう

AFTER

BEFORE

備えつけのカゴをさらに**プラカゴ**で区分けしてストック飲料を商品別に

AFTER

BEFORE

引き出し１段目は備えつけの仕切りを利用。大量の箸やスプーンも数を厳選すれば、こんなにスッキリ

扉裏に**粘着フック**で**洗濯ネット**をつけ、レジ袋の収納スペースに

AFTER

BEFORE

２段目には、しゃもじやお玉、大根おろし器などの調理器具を。**仕切り板**をクロスしてスペースを４分割し、アイテム別に収納

BEFORE

AFTER

３段目には、キッチン掃除グッズを。**プラカゴ**やポリ袋の外箱をパズルのように組み、使いやすく収める

100円スグレモノ

仕切り板

引き出しを細かく区切るにはコレ。２本以上クロスして使う。サイズが豊富で、いろんな引き出しに合う。簡単にカットできてぴったり調節できる

コンロ下

無造作に鍋が積み重なり、上の空間がデッドスペースになっていました。コンロ下は火を使う鍋や調理器具を置くのが正解。白い化粧板や100円アイテムを駆使して使いやすく収納します。

P55の要領でコの字ラックをつくり、上段に鍋を置く（手づくりコの字ラックの高さの目安は、いちばん大きいフライパンの直径＋約3cm）。大きいフライパンは書類ケースを活用して縦型収納

アルミチャンネル2本を**強力両面テープ**でレール状に固定し、**白い化粧板**を差し込む。**粘着取っ手**を引くと、板がスライドするので奥の鍋が取り出しやすい

粘着取っ手

アルミチャンネル

扉裏に**粘着面ファスナー**で**密閉容器**を取りつけ、使いかけの調味料を収納

調理台に出しっぱなしだった調味料やスパイス類。残量がわかりやすい透明の瓶に中身を移し替え、回転皿の上に。上からひと目でわかるようにラベリングを

回転テーブル ＋ 丸型焼き網 ＋ 強力両面テープで合体 ＝ 回転皿に！

毎日使う食器用洗剤やハンドソープは、**シンプルな容器**に詰め替えると見た目がスッキリ。**トレイ**に載せると掃除もしやすい

外に出ていたモノを扉や引き出しのなかに収納すると、シンク&コンロまわりが驚くほどサッパリ！　まるで引越したての美しさに

100円スグレモノ

タオルかけ

アイデア次第でタオル以外にも活用できる。粘着タイプ、吸盤タイプ、留め具が動かせるタイプなど種類豊富。長さは20cm、40cm、60cmのものが多い

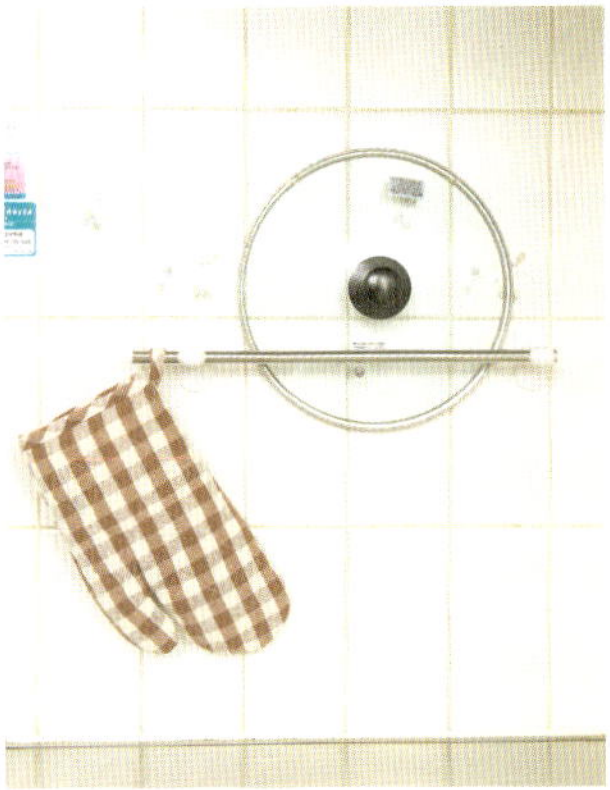

油の飛ばない高さの壁に**タオルかけ**をつけて鍋ブタ置き場に。留め具を動かせるタイプなら、端にミトンをかけて

食器棚

夫婦と子ども2人分の食器がバラバラに重なっていた食器棚。ひとつ取り出すと、違う皿が落ちそうになり……かなり危なっかしい状態でした。取り出しやすくて、しまいやすい、理想的な食器棚に仕上げます。

P55と同様、棚に**取っ手つきプラカゴ**を並べてアイテム別に整理。毎日使う食器類はシンクから一番近いところで、視線から胸の高さのあたりに収める

湯沸かし器はコンセントの近くに移動。コーヒーセットを揃えて置けば、ムダな動きが少なくなる

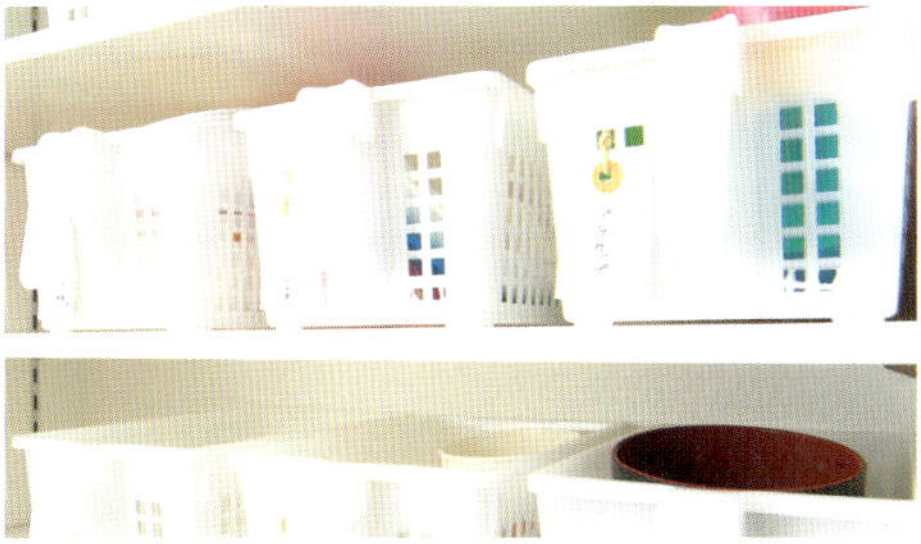

上段になるにつれて、あまり使わないモノや、軽いモノ、プラカップなど割れにくいモノを置いていく

BEFORE
AFTER

引き出し1段目。**プラカゴ**で仕切って、来客用カトラリーやグラス、ふきん類を。グラスは上下交互に入れると省スペースに

2段目は子ども用お弁当グッズ専用に。**プラカゴ**で細かく区切れば、ちまちましたモノが散乱しにくい。忙しい朝の時短にもつながる

最下段には乾麺類や砂糖などをストック。詰め込みがちなモノだけど、ここも**プラカゴ**で区分けすれば、何がどこに何個あるのか、ひと目でわかってムダ買いや二度買い、探しモノが減る

プラダンを引き出しの高さに合わせて切り、両側と後ろに取りつける。空間に高さが生まれ、より多くのモノを収納できる

袋に入れて冷蔵庫の扉に下げていたカップラーメンも、1か所にまとまった

簡単DIYスグレモノ

プラダン

プラスチック製のダンボール。カッターで簡単に切れて、紙製より湿気に強い。カラーバリエが豊富なので家具の色に合わせてセレクトしてみて

レンジ台まわり

それぞれの棚に食器や書類、薬箱などが雑多に置かれていて、探しモノは日常茶飯事だったそうです。手前の作業台もモノ置き状態になっていました。家電のすぐそばにモノを置くのはとても危険。理想的な使い方に戻していきます。

P55と同様、**取っ手つきプラカゴ**で美しく変化。棚上は、置いたモノを忘れてしまいがちなうえ、モノが落ちてくると危ないので、あえて利用しない

AFTER

手前の作業台がスッキリして扉の開け閉めやちょっとした作業がラクに。使う場所を考えて、トースター横にパン、レンジ上にラップなどをグループ置きすると、より使いやすい

手が届きやすい棚には大皿や平皿、深皿を

トースターや電子レンジ上の空間を有効に活かすため、**つっぱり棒**2本を手前と奥に通す。前後の棒に**トレイ**の溝を引っかけて、上にラップやアルミホイルを。おぼんなどを置く棚代わりになるうえ、トレイを横にスライドさせることもできて使い勝手がいい

100円スグレモノ

つっぱり棒

デッドスペースを有効な収納スペースに生き返らせる、魔法のアイテム。細くて短いものから、押入れのハンガーかけ(P86)になる長くて太いものまでサイズが豊富。たとえば68cmの空間に使いたいときは、「約90cm～約54cm伸縮自在」といったように目的の数字を含むつっぱり棒を探そう。耐荷重(どれくらいの重さに耐えられるか)のチェックも忘れずに

買い足しグッズ（キッチン編）

■P55 荷札、すべり止めシート、P55・60・61・63 取っ手つきプラカゴ、P56・57・61・62 プラカゴ各種、P57 粘着フック、洗濯ネット、仕切り板、P58 強力両面テープ、取っ手（窓用）、粘着面ファスナー、密閉容器、P59 タオルかけ（吸盤式・白）、トレイ、P64 つっぱり棒／ダイソー ■P55 麻ヒモ／キャンドゥ ■P55・58 白い化粧板、P58 アルミチャンネル、P62 プラダン／コーナン ■P56 シンク下ラック、P65 折りたたみ椅子／ニトリ ■P59 洗剤やハンドソープを入れた容器／ナチュラルキッチン ■P59 タオルかけ（粘着式・シルバー）／シルク

カウンターテーブルまわり

子どもの幼稚園グッズや大事な書類などが出しっぱなしで、モノに埋もれていたテーブル。ここを整理して美しさをキープできれば、ちょっとした作業がしやすく、来客への印象もグンと変わります。

お弁当グッズと幼稚園グッズをそれぞれ、適した場所に戻すとテーブルが復活。カフェのような空間ができあがり

カウンター下に**折りたたみ椅子**を置いて、家計簿をつけたり家事途中に休憩したりするスペースに変身

キッチンをいつも美しく保つコツ

- ★目につく場所になるべくモノを置かない
- ★数量や残量がひと目でわかるように収納する
- ★モノを使ったらもとの場所に戻す
- ★決めた場所に別のモノを混ぜない
- ★追加するモノのサイズや高さを揃える
- ★追加する収納グッズの色味や素材を揃える

いつもキラキラなキッチンで料理や家事を楽しみましょう！

ミラクル大改造!

冷蔵庫編

調味料が多い、野菜が使いきれない……賞味期限と戦う冷蔵庫のお悩み解決!

「料理が好きで、調味料をたくさん買ってしまいます。ビン入りだったり、チューブ入りだったり、大きさもまちまちだから、なかなか整理が難しくて……」

ご覧のとおり、Mさんのおうちの冷蔵庫は食材でいっぱいです。ご本人でも、どこに何があるのか、わかりづらい様子。

「使いたいモノがすぐ見つからないから、扉を開けている時間が長くなってしまうんです。無意識に野菜を買うクセもあって、『あ！　使いきれていないキュウリがここに！』という経験もよくあります。本当は節電も節約もしたいのですが……なんとかならないものでしょうか？」

ご相談者

神奈川県　Mさんご夫婦
夫（37歳）・妻（37歳）
分譲マンション2LDKにふたり暮らし

冷蔵室&ドアポケット　野菜室　冷凍室

お悩み1
冷蔵室には食材がたくさん。料理が好きなので、調味料が多い

お悩み2
ドアポケットにも調味料が散乱

お悩み3
野菜室には、野菜や使いかけの食材が山積み。買ったばかりの野菜と、使いかけの野菜が混ざっている。たいてい、全部は使いきれない

お悩み4
冷凍室も、つくりおきの料理や使いかけの冷凍食品でいっぱい。パッケージやトレイがかさばっているのが悩み

> これじゃ調理に時間がかかってしまいますよ！

1 出す

まずは冷蔵室、ドアポケット、野菜室、冷凍室に入っている食材をすべて出します。食材が傷まないように、すばやく取り出しましょう。

2 分ける

次に、「賞味期限内に使う予定の食材」と「使う予定がない食材」に分けます。賞味期限切れの食材は、もちろん後者。複数ある場合、期限の近いモノから処分を。

※食品によっては「消費期限」と表示されているモノもあります。

賞味期限内に使う予定の食材

↓

3 しまう

使う予定がない食材

↓

処分する

冷蔵庫って
意外にモノが
入るから
すぐ散らかるん
ですよね

NG.1
バター4個、牛乳2本、チーズ3個、生クリーム2個……乳製品のムダ買いが多い

NG.2 食べきれなかったおかずやごはん類。こんなに冷蔵しても食べきれないのでは？

NG.3 袋に入れたままの野菜たち。数量がひと目でわかりづらく、一部は傷んでいた

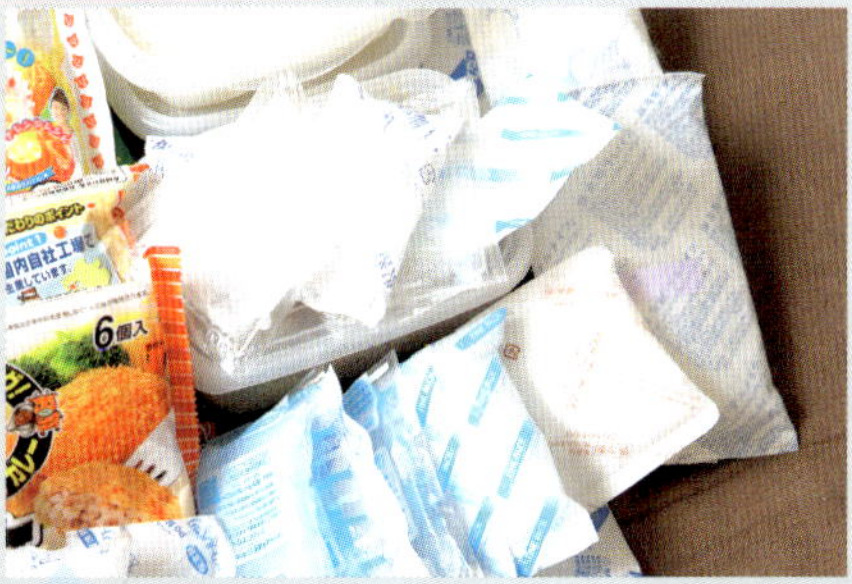

NG.4 持ち帰りのケーキなどについてくる保冷剤。いつか使うかも？とためていたら、こんなに集まったそう

NG.5
ずらりと並んだ、ビンやチューブ入りの調味料。賞味期限切れのモノもちらほら

それでは魔法をかけていきましょう！

コジマジック♪

AFTER

冷蔵室

→P71

BEFORE

中身が
ひと目でわかる
冷蔵庫に
大変身！

BEFORE

AFTER

ドアポケット

→P74

野菜室

→P76

冷凍室

→P78

冷蔵室

冷蔵室をスッキリさせるコツは、空間を仕切ること。さらに、調理しやすいよう、食材や調味料ごとに分けて収納します。ひと目でわかるようにする、取り出しやすくする工夫もしましょう。

冷蔵室上段。朝食で使う食材を**冷蔵庫用トレイ**にまとめる。洋食セット（バターやジャムなど）と和食セット（納豆、佃煮、梅干しなど）に分けると、時短と節電につながる

ひと目でわかるよう、トレイに**シール**を貼ってラベリングする

上段の下に、**つっぱり棒**を２本通す。チルドピザなど薄くて大きいものを、つぶれないように収納できる

冷蔵室中段。**取っ手つきトレイ**を使って、奥行きを活かした収納を。乳製品（チーズなど）、大豆製品（味噌など）、アルコール類、といった具合に、系統別に分けて

冷蔵室下段。8割収納を基本と考えて、スペースを空けておく。つくりおきの料理を鍋ごと置くなど、一時置きの指定席に

食材を収納するときに時間があれば、下ごしらえして**密閉容器**で保存を。食べたいときにすぐ調理できて、時短につながる

冷蔵室中段。仕切り板の底に**粘着マグネット**を貼りつけておく。食べかけの食品の袋を**ダブルクリップ**で袋を閉じてマグネットにくっつければ、吊り下げて収納できる。すぐに目に入るので、食べ忘れ防止にも

BEFORE

AFTER

賞味期限の書かれたシールは捨てずに残しておくことが大切

チルド室は**プラカゴ**で仕切って、食材ごとにまとめて収納を。肉や魚は買ったときのトレイから出してラップに包む

ドアポケット

調味料（ビン類、ボトル類）や牛乳などの紙パック、ペットボトルを収納するドアポケット。大小さまざまなモノを散らかさない秘訣は、できるだけ大きさを揃えること、上手にスペースを仕切ることです。

ほかのモノと紛れやすいチューブ類。**専用クリップ**の裏に**粘着ミニフック**を貼りつけて、ドアポケット上段にかければ、もう使っても迷子にならない。かけるときは、賞味期限が見える向きにする

密閉容器を**粘着面ファスナー**で貼りつけて、散らかりやすいお弁当用調味料（マヨネーズやしょう油など）を収納

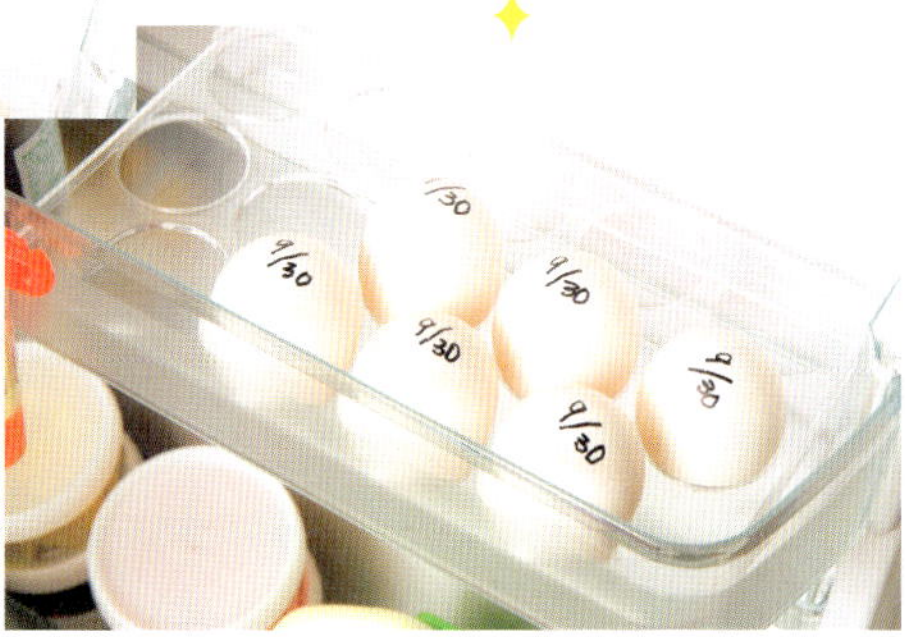

賞味期限を忘れがちな卵には、油性ペンで１個ずつに日付を書いておく

調味料やドレッシング、ポン酢なども、キャップに油性ペンで賞味期限の日付を書いておこう

100円スグレモノ

マヨネーズラック

キャップを下にして立てておけるので、中身を最後まで使い切ることができる

マヨネーズやケチャップは、**マヨネーズラック**に入れて立てて収納

AFTER

BEFORE

袋入りの漬け物類は、**スタッキングできる容器**に入れて、ドアポケット下段に。重ねられて、取り出しやすいので、ドアポケットの高さを有効に使える

野菜室

買った野菜を上から重ねがちなので、下にある食材がわかりづらくなる野菜室。ここも、「仕切る」&「分ける」をポイントに整理すると、出し入れしやすい空間に仕上がります。

野菜室用プラカゴや**密閉容器**を使って、室内全体を仕切る。食材の種類別、大きさ別に収納していく

使いかけの野菜は、目立つ色の**プラカゴ**に入れて手前に置くと、使い忘れを防げる

ショウガは、水を張った**密閉容器**に入れると、鮮度を損なわずに保存できる

余ったモヤシも、ひたひたになるくらいの水を入れて**密閉容器**に。早めに使い切るようにして

キュウリ、ナス、ニンジンなどは**野菜室用プラカゴ**に立てて収納を。ネギは切って、高さを揃えよう

100円スグレモノ

野菜室用プラカゴ

野菜は、収穫前と同じ状態で保存するのがベスト。野菜室用プラカゴを使えば、ひとつひとつ立てて収納できる。2個以上を組み合わせて使うこともできるので、野菜室のレイアウトを自由に考えてみよう

冷凍室

深さがあるため、たくさんの食材を詰め込みがちになる冷凍室。凍ったモノが互いに冷やし合うので、モノがいっぱいのほうが理想的ですが、中身がわからなくなるのは問題です。縦型収納を心がけて、使いやすい空間に。

BEFORE

冷凍室上段。よく食べるアイスなどは手前に。サイズを揃えて並べよう

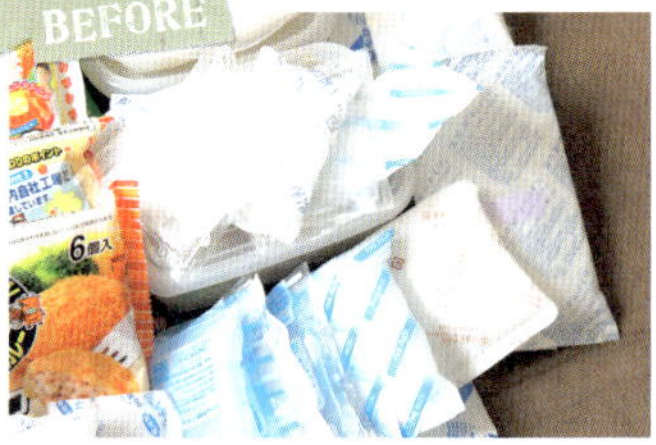
BEFORE

持ち帰りのケーキなどについてくる保冷剤は、使うシーンを考えて、必要な量（平均7～8個）にしぼる。**プラカゴ**に入れて縦型収納を

AFTER

ブックスタンド

BEFORE

深さのある冷凍室下段は、食材を重ねるとNG。食材を密封できる**ストックバッグ**に詰め替えて、横に寝かせて冷凍し、固まったら縦型に立てて収納する。**ブックスタンド**で空間を仕切ると、うまく縦型収納できる

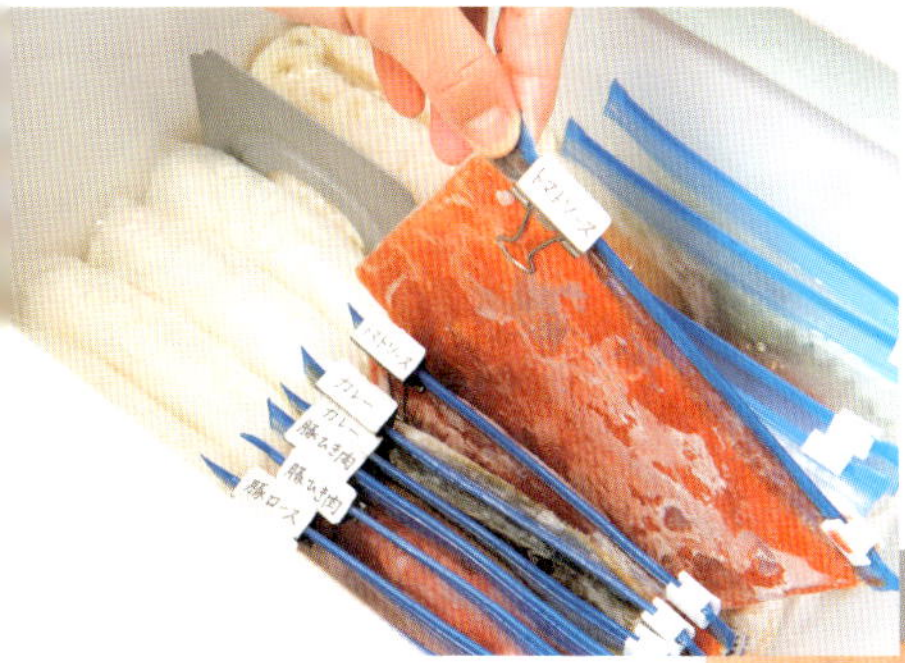

つくりおきのカレーやトマトソースなどは密閉できる**ストックバッグ**に入れて、**シール**を貼った**ダブルクリップ**を留める。名前を書いておくと、上から見てすぐに中身がわかるので取り出しやすい

かさばりやすい市販の冷凍食品はパッケージやトレイから出して、密閉できる**ストックバッグ**に移し替える。商品名を切り取って一緒に入れれば、中身がわかりやすい

買い足しグッズ（冷蔵庫編）

■P71 冷蔵庫用トレイ、つっぱり棒、P71・79 シール、P72 取っ手つきトレイ、P72・74・76・77 密閉容器、P73 粘着マグネット、P73・78 プラカゴ、P73・79 ダブルクリップ、P74 チューブ用クリップ、粘着面ファスナー、P75 マヨネーズラック、スタッキング容器、P76 黄緑のプラカゴ、P76・77 野菜室用プラカゴ、P78・79 ストックバッグ、P79 ブックスタンド／ダイソー

冷蔵庫をいつも美しく保つコツ

★冷蔵室は〝スッキリ〟を心がける

★賞味期限の近い食材や使いかけの食材は手前（目立つ場所）に置く

★こまごましたモノはトレイに分けて入れる

★ひとつの料理に使う複数の食材は近くに置く

★冷凍室はなるべく〝ギッシリ〟を心がける

★冷凍食品は横に寝かせて冷凍し固まったら縦型に

キレイな
冷蔵庫は清潔感に
あふれていて
楽しくなりますよ♪

ミラクル大改造!

押入れ編

着たい服が、すぐに見つからない……
布団が入らず残念な押入れのお悩み解決!

ご相談者

東京都　Tさん　（33歳・女性）
賃貸マンションの1LDKにひとり暮らし

「服が大好きで、気に入ったらすぐに買っています。だけど整理は苦手だから、押入れのなかがグチャグチャに散らかっているんです。いつも着たい服が見つからなくて困っています」

Tさんのおうちの押入れには、服や小物があふれんばかり。これでは、どこに何があるのかわからないようで……。

「服もバッグも帽子も、使ったら押入れに放り込んでいます。ダメだとは思いつつも、毎回きれいにするのは面倒なので……。布団が外に出しっぱなしになっているのが、いちばんの悩み。どうにか押入れに収納できないでしょうか?」

お悩み1

高すぎる位置にあり、狭くて使いづらい天袋。あまり使わないバッグなどを無造作に押し込んでいる

お悩み2

いつも着る服は、ハンガーラックにかけているけれど、服が多すぎて、しわくちゃに……

お悩み3

収納ケースには、服をギュウギュウに詰め込んでいる。入りきらないモノが箱の上にどっさり

お悩み4

かさばって整理できない、大きめのバッグは、空いたスペースになんとなく置いている

お悩み5

押入れがいっぱいだから、布団は外に出したまま。疲れていると、敷きっぱなしになることも……

フスマを開けたら
なだれが！
こんな状態、
服がかわいそう
やん……

1 出す

まずは、天袋、上段、下段からすべてのモノを出します。ハンガーにかかったモノはハンガーから外し、トップス、ワンピース、スカート……と種類別にまとめます。

2 分ける

次に、「使っているモノ」と「(1年以上)使っていないモノ」に分けます。サイズは合わないけど、いつか着られるかも？という服などは、使っていないモノに。

使っているモノ

↓

3 しまう

(1年以上)使っていないモノ

↓

処分する・だれかに譲る・売る・寄付するなど

フリマ
何回する
つもり
やねん！

NG.1

ジーパン、トップス、ジャケットの山、山、山！　こんなにあっても、体はひとつですよ！

NG.2

ひしめき合う大量のバッグたちと、とぐろを巻くベルトたち。合わせる服によって使い分けるとしても、多すぎるでしょ……

NG.3

引き出しがこの様子では、どこに何があるか見分けがつかないし、奥のモノを取り出すのもひと苦労！

それでは魔法をかけていきましょう！

コジマジック♪

ほら、
めっちゃスッキリ
きれいな押入れに
なったでしょ！

BEFORE

AFTER

天袋
→P93

上段
→P85

下段
→P89

上段

大量の服で埋もれていた上段をスッキリ見せるには、空間をしっかり仕切ることが大切です。よく着る服は手前にかけて、あまり着ていない服は奥のカラボに収納。小物類はプラカゴで分類したり、壁に吊るしたりします。

E
C
D
B
A

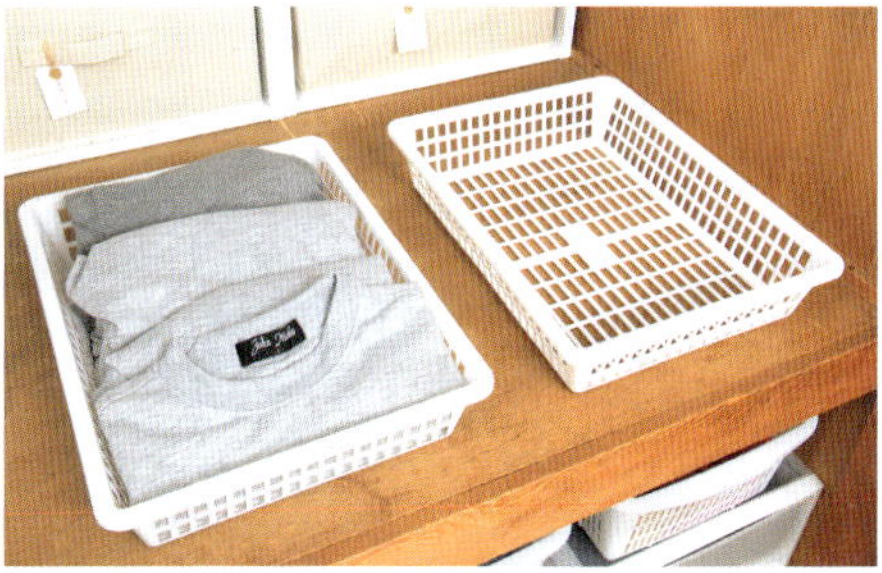

A

右のフスマを開けたところに、帰って着替えた服の一時置き場と、部屋着の指定席を。**プラカゴ**を2つ並べるだけで、空間を仕切れて、散らかり防止にもなる

B

左のフスマを開けたところにも**プラカゴ**を置き、よく使うバッグをたたんで収納。隣にハンカチ類を置くと、出かける前に、すぐバッグに入れられて便利

C **強力つっぱり棒**で、押入れの幅にピッタリのハンガーかけができあがり。**支えポール**でT字状に固定すると、より頑丈に。服の重みでつっぱり棒が落ちるのを防げる

奥には**3段カラボ**を3つ置いて、**不織布インナーボックス**内にトップスやボトムスを種類別に、縦型収納で入れる

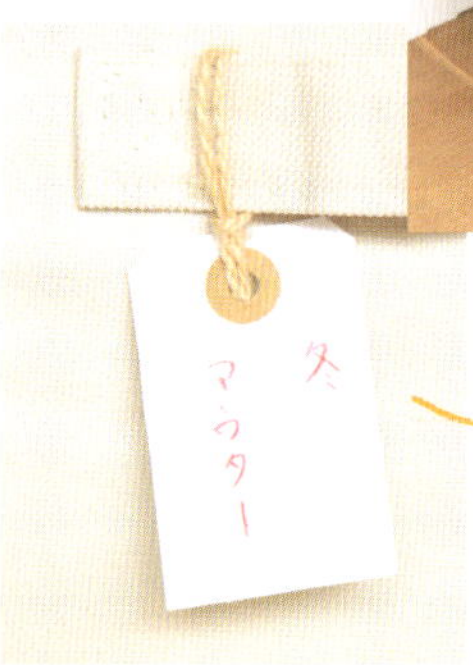

P55の要領でラベリングすると中身がわかりやすい

たたむと小さくなるキャミソール類は、**プラカゴ**を入れて３段に重ねると、より多くの枚数を収納できる

カラボの上のすき間に**プラカゴ**を置き、スパッツ類を小さくたたんで収める

BEFORE

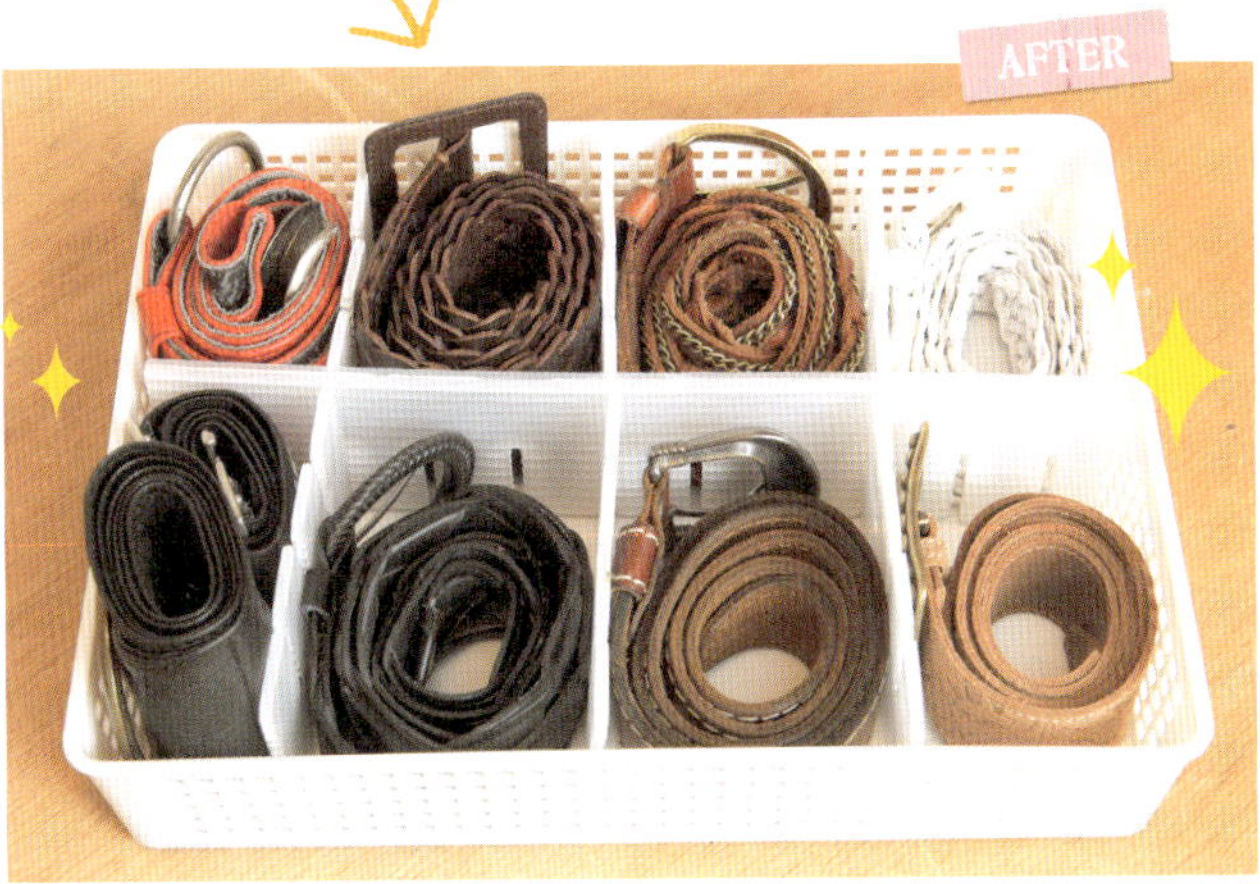
AFTER

ベルトは必要な数を厳選し、丸めたときの大きさに合わせて**仕切り板**で区切って収納。ぐちゃぐちゃだったのに、見違えるほど美しく、取り出しやすくなる

D

ワイヤーネットを**専用フック**で壁に貼りつける(ネジ式フックなどもあるが、**粘着式**の方が取りつけが簡単)。アクセサリー類をかけておくと、もつれにくく、失くしにくい

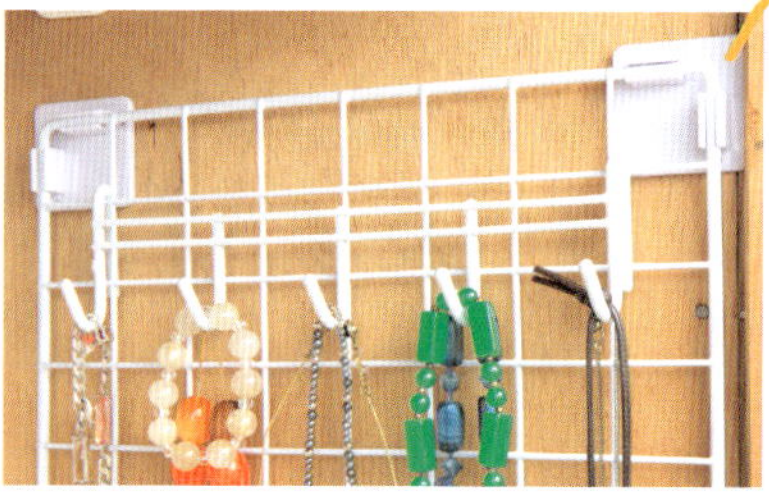

E

ブックエンドを**強力両面テープ**で壁に貼りつけ、帽子をかけると型くずれ防止に

100円スグレモノ

ブックエンド

本棚の仕切りに使うのはもちろん、アイデア次第で帽子かけとしても、食品の仕切り(P78)としても活用できる

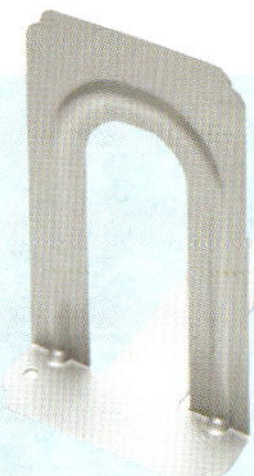

下段

奥行きと高さをきちんと測り、収納ケースをうまく前後に並べて再利用しました。山になっていた服をオンシーズン、オフシーズン別に収納。お悩みだった布団が入るスペースも生まれて、使い勝手の良いスペースに変身。

F

布団を置くスペースには**スノコ**を敷いて、通気性を良くする。布団にほこりがつくのも防げる

スノコの奥に**2段カラボ**2個を並べて配置し、シーツや毛布を収納。モノが増えることも考えて、下の段はあえて空けておく

G

もともと使っていた収納ケースを再利用

積み重ねるのではなく、縦型に収納する。自分に向かって縦型であるのが理想だけれど、冬モノのニットなど厚手の服は無理せず、横にしてもOK。引き出しの幅を目安にたたんでいこう

ラベルシールに中身を明記する。ラベリングすることで、中身がひと目でわかり、もとの場所に戻す習慣がつく

100円スグレモノ

ラベルシール

きれいにはがせるので、引き出しの中身が変わっても変更しやすい。多種のサイズが揃っているので、適度に目立つ大きさのモノを選んでみよう

奥には、2段重ねの収納ケースをもう1組置いた。ここにはシーズンオフの服を。衣替えのときは、収納ケースごと前後を入れ替えるだけ

キャスターつきの収納ケースなら、移動がラクチン

ミラクル上級DIY

収納ケースにキャスターをつけて可動式に変身させるテクニック

材料

- ■収納ケース　2個
- ■MDF（木の繊維でできたボード）　1枚
  ＊収納ケース2個分の横幅と1個分の奥行きに合わせて購入したホームセンターでカットしておく
- ■キャスター　4個

- ■キャスター用ネジ　16本
- ■結束バンド　4本

1. 収納ケースと**MDF**の四隅に電動ドライバーで穴を開ける
2. MDFの四隅に、**ネジ**で**キャスター**を取りつける（キャスター1個につきネジ4本使用）
3. 収納ケースとMDFの四隅を、**結束バンド**で結んでつないだら、できあがり！

収納ケースの上に**プラカゴ**を置き、ニット帽やマフラー、レギンスなど冬モノの小物を入れる。奥の収納ケース上には、麦わら帽やストールなど夏モノを

必要な服の数を厳選し、たたみ方としまい方を統一すれば、こんなに美しく収納できる

**買い足しグッズ
（押入れ編）**

■P85･87 プラカゴ、仕切り板、P88 ワイヤーネット＆粘着式フック、ブックエンド、強力両面テープ、P90 ラベルシール、P91 結束バンド／ダイソー　■P86 強力つっぱり棒、支えポール、3段カラボ、不織布インナーボックス、P89 スノコ、2段カラボ、P91 MDF、キャスター＆ネジ／コーナン ■P92 プラカゴ／キャンドゥ

天袋

背丈よりも高い位置にあって使いづらく、モノが散乱していた天袋も、高さの揃った収納ケースを置けばキレイに整理できます。あまり使わないモノや、かさばるモノなどの収納にピッタリです。

BEFORE

あまり使わないバッグや、大きな箱入りのモノ、思い出品などをここに

AFTER
BEFORE

押入れ上段の奥に隠れていた収納ケースを再利用。P90の要領で、ラベリングも忘れずに

押入れをいつも美しく保つコツ

- ★各アイテムの指定席を守る
- ★脱いだ服は一時置き場以外に混ぜない
- ★決めた数量以上の服を持たないようにする
- ★新しい服を買ったら同じ数の古い服を処分
- ★新しい服が増えたら使う頻度の高い服を優先して手前に収納する
- ★8割収納を心がける

スッキリした気持ちいい空間をキープしておしゃれを楽しんで！

コジマジックは見た!
おかしすぎる場所にしまう人たち

なんで食べものと混ぜるの?

収納が苦手な人は、ヘンな場所にモノを置くクセがあるようです。たとえば、あるキッチンの棚には、食べものや洗剤などいろんな種類のモノが大量に詰まっていました。分別が難しいのか、カップラーメンや乾麺などの食品の横に、殺虫剤が置かれていて。どうして一緒に置くのかと聞いたら、平然と「え?　だって、ここは“ストック”用の棚だし」と……。それはそうなんやけど……食べものの横に殺虫剤があるの、イヤちゃいます?

そこに置くの、ヘンでしょ!

別のお宅では、キッチンの吊り戸棚のなかに小説やマンガが入っていました。どうやら自分の部屋の本棚からあふれた本を、「ちょうど良いスペースがあったから」と移したんだとか。もうひとつ、ワンルームに住む若い女性のお話。玄関を入ってすぐのところにキッチンがある間取りなんですが、シンク下の棚に靴が入っていました。「下駄箱に靴が収まりきらなかったし、玄関に近いから」というのがご本人の言い分。う〜ん、料理をするための場所に本や靴を置いたりって……ヘンやと思いません?

「空いていたスペースに
とりあえず置く」という
無意識派と、
「不便だけど、ほかに場所が
なくて置いてしまう」
という罪悪感派が
いるようですが、
どちらもナシです!

ぼくには理解できません〜

ある寝室の押入れの天袋にホットプレートが入っていたこともありましたよ。食卓で使うモノだから、本来はキッチンやダイニングに収納するのが正しいはずなのに、「ホットプレートを置く場所がなくて」と奥さん。使いづらくないかと聞けば、真顔で「そうなんです。毎回、寝室に取りに行ってステップ台に乗って天袋から取り出すのがおっくうで」と。寝室に置くのが当たり前になってしまうと、自分ではなかなか気づかないものなんですね。

Part 3

美しく、出し入れしやすく、
使いやすい!

場所別かたづけ
テクニック

クローゼット編／リビング編

クローゼット

気を抜くとモノがぐちゃぐちゃになってしまうクローゼット。
今回は夫婦2人の場合（向かって右が紳士服、左が婦人服）を基本に紹介します。
中央部分に、オンシーズンの毎日着る洋服を収納することがポイントです

正面から見た図

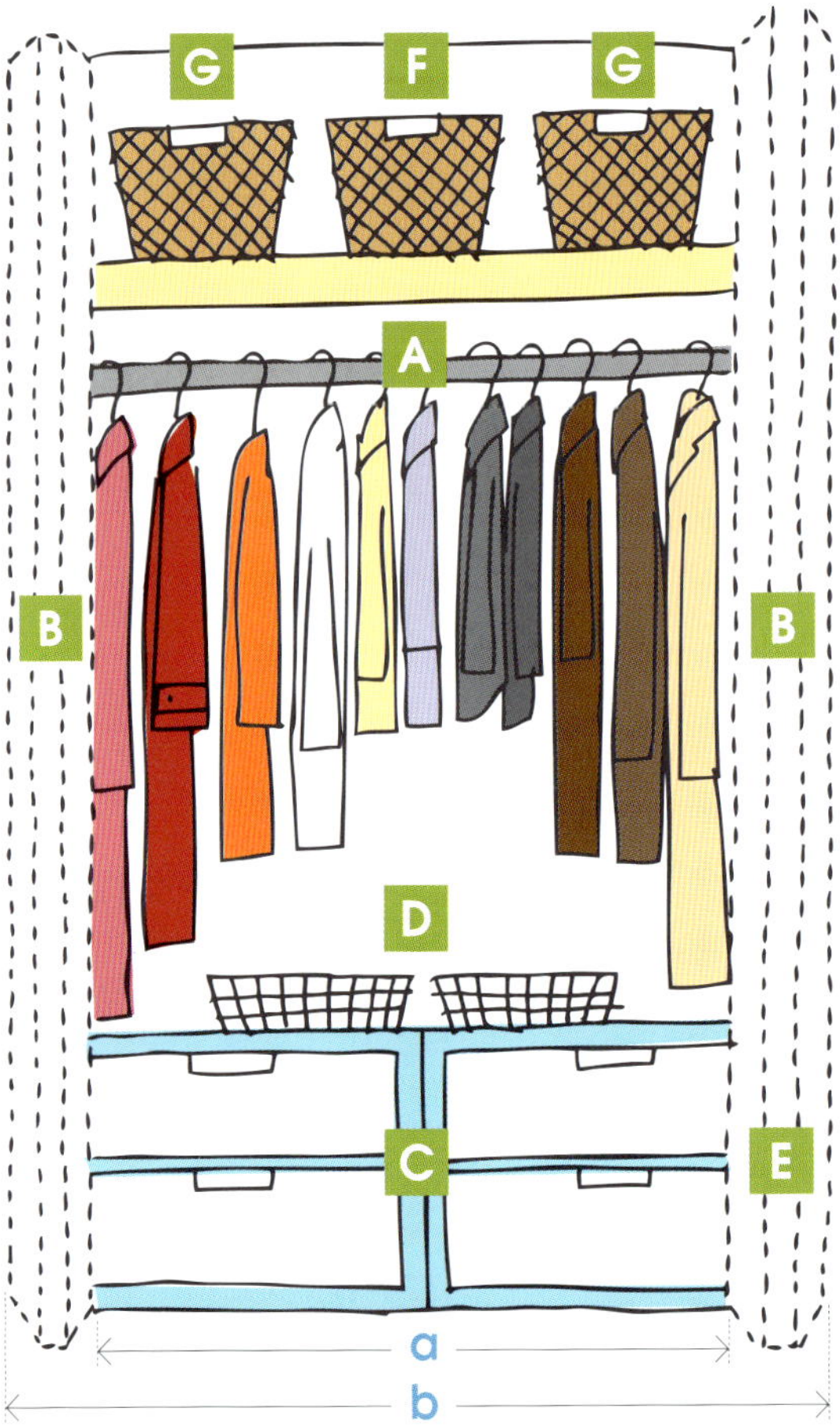

真横から見た図

いちばん重要！ まずは幅、奥行き、高さを採寸

使いやすく、美しく収納するための
いちばんの基本は「採寸」。
スケールを使ってミリ単位で、
扉を開けたときの幅（a）、
クローゼット自体の幅（b）、
奥行き（c）、高さ（d・e）などを測る。
何をどこに入れるかイメージしてから
収納グッズを選ぼう。

収納
ぼくの愛用スケールは
キラキラ・
デコ仕様！

洋服の着丈（すそまでの長さ）を種類別に揃えて、スペースをつくる

側面にいくほど着丈が長くなるよう、
コート、ジャケット、ブラウス……と
種類別に洋服を並べる。
中央にいちばん短いモノ、
端に長いモノといった具合。
こうすれば、すその下にできた階段状の
空間を新しい収納スペースとして活かせる。

ハンガーの素材や形、方向を揃えると、
見た目が整ってスッキリした印象に。
コート、ジャケット、ブラウス……といった
種類ごとの間仕切りとして**防虫剤**をかければ、
ひと目で見分けがつき、
きちんと種類別に分ける習慣がつく。

B

カラーチェーン＋S字フックで よく使うバッグの収納場所を

Aで測った、扉を開けたときの幅（a）から、
オンシーズンに必要な服の量を
割り出して、服をかけていく。
服が取り出しにくい、扉の後ろ部分には、
カラーチェーン＋S字フックをつけて、
よく使うバッグをひとつずつかける。
バッグの型崩れを防ぐことができ、
取り出すのもカンタン。

ディッシュスタンドをつけて ネクタイをかける

右端にできたスペースを活かして、
側面に**強力両面テープ**で
木製ディッシュスタンド（横にした状態）を
取りつける。
突き出た棒がフックとなり、
からまりやすいネクタイを1本ずつかけられる。
ほかにも、ネックレスやブレスレット、ベルトなど、
細長いアイテムの収納にぴったり。

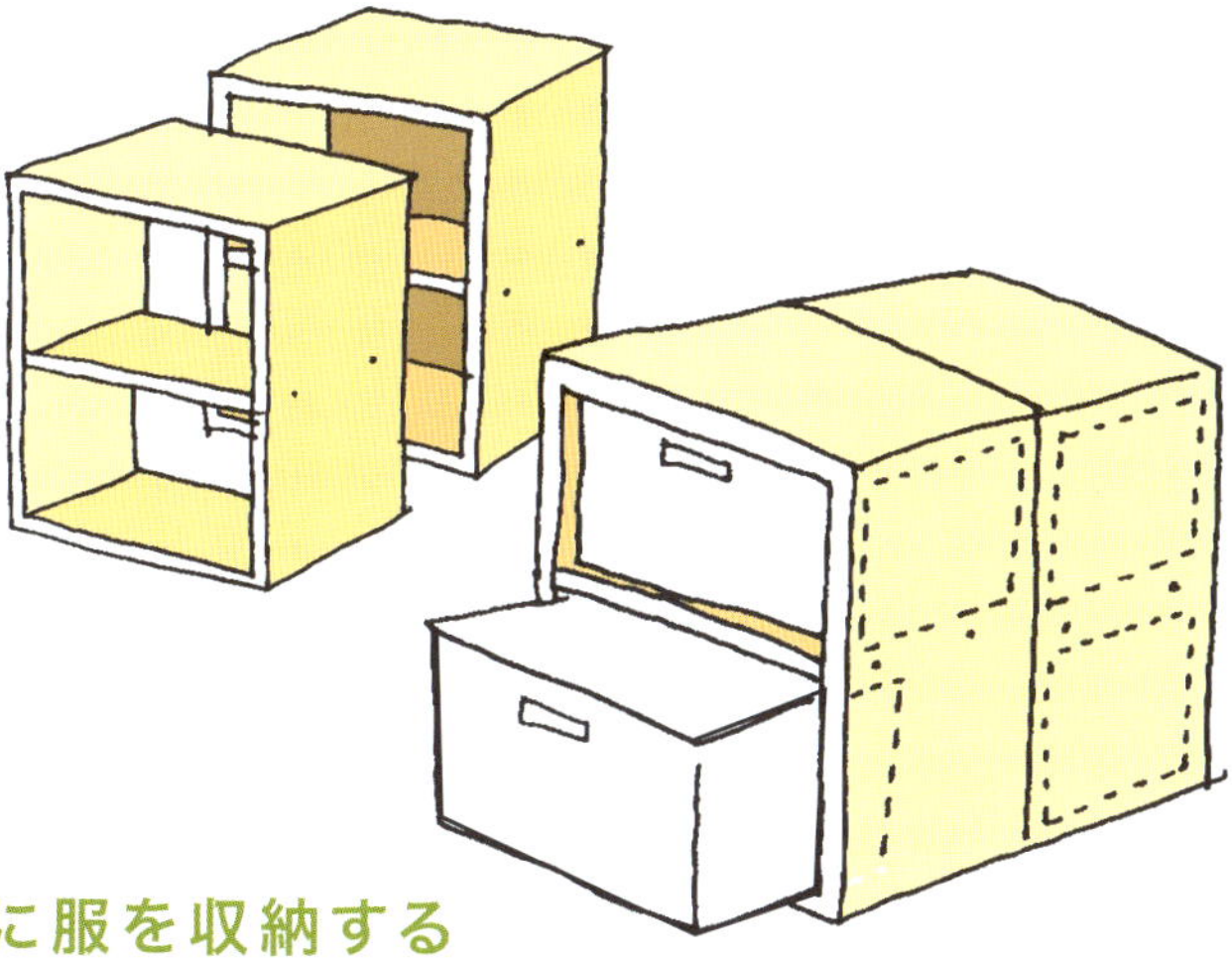

C
2段カラボを前後に置いてオン／オフ別に服を収納する

2段カラボを前後に2つ並べて（手前のカラボは背板を抜く）
不織布インナーボックス（たとえば秋冬モノは茶色、春夏モノは白と色分け）
を入れ、たたんだ服を立てて収納する。
手前にオンシーズン、奥にオフシーズンの服を。
衣替えは前後のボックスを入れ替えるだけ。
奥行きのある衣装ケースなら、**ブックスタンド**でオンとオフを区切ってもOK。

ポイントは、自分から見ても縦型収納であること

横向きの服を引き出しの前から後ろに並べて収納していくと、引き出しを全開にしないと奥が見えず、使いづらい。必ず自分から見て縦型に並べよう。ブラウスなど柔らかい素材のモノは、**A4サイズの書類ケース**に入れると収まりが良い。

D カラボ上にカゴを並べて小物の指定席に

服とカラボとの間のエリアも、ムダなく活用。
そのまま空けていると、
ついモノを一時置きしてしまいがちなので、
散らかしを防ぐためにも**プラカゴ**を置いて。
丸めたベルトなどの小物を収納すれば、
スッキリ見えて使いやすい。
前後に並べるときは、**結束バンド**で
連結して、手前にオンシーズン、
奥にオフシーズンのモノを入れるのが鉄則。

E スーツケース内を活用してオフシーズンのレジャーグッズを

場所をとる**スーツケース**は、
ただ置いているだけではスペースがもったいない。
収納スペースとして賢く利用し、
オフシーズンのレジャーグッズなどをまとめて収納。
夏モノなら水着、ビーチサンダル、浮き輪など、
冬モノならスノボやスキーウエア、グローブなど。
ひとつにまとめておけば、探す手間がはぶける。

F

頭上の棚をカゴで仕切って中央を、よく使うモノ置き場に

頭上の棚はあまり視界に入らないので、
何を置いたのか忘れやすい。
直接モノを載せるのではなく、
扉を開けたときの幅(P96のa)に合わせて
カゴを並べて空間を仕切る。
いちばん取り出しやすい中央の位置に、
よく使うモノ(バッグなど)を。

プラダンにヒモをつけて引き出せるように工夫する

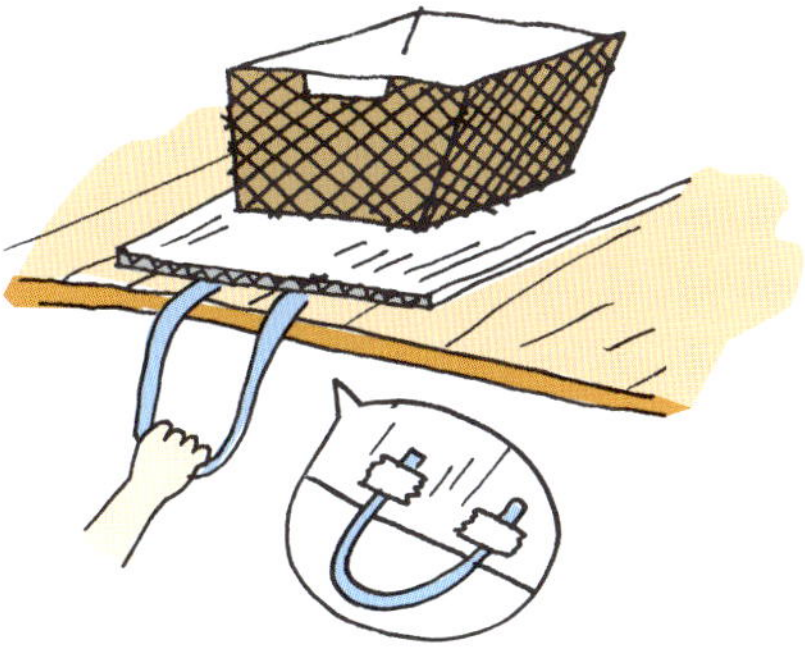

プラダンの裏側に**ガムテープ**で**ヒモ**を
貼りつけて、カゴの下に**プラダン**を敷く。
これは、高い位置にあるカゴを
引き出しやすくするテクニック。
ヒモを引っぱれば取り出しやすく、
しまいやすいので、使い勝手が良くなる。

G

左右のカゴにはあまり使わないモノを置いて

大切だけどふだんはあまり使わないモノ
(バッグならパーティー用、オフシーズン用など)を左右のカゴに。
クローゼットに限らず、両開きの扉の場合は、
よく使うモノを中央に、あまり使わないモノを端のほうに、と覚えよう。

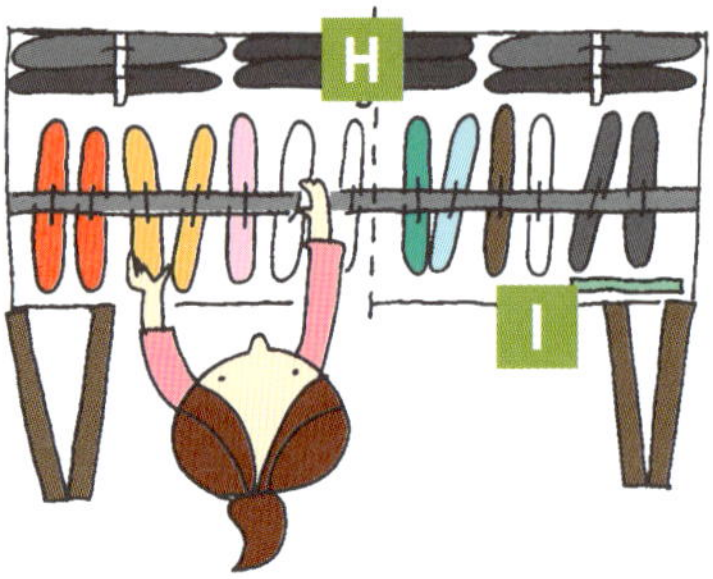

クローゼットを
真上から見た図

H 奥のデッドスペースに フォーマルウエアを

紳士服をかけるのに必要な幅は平均60㎝、
婦人服は平均45㎝なので、クローゼットの奥行きによっては、
奥にデッドスペースができることが多い。
ここに、使う頻度の低いフォーマルスーツや
パーティードレスなどをかけて、空間をムダなく使おう。

I カーテンレールをつけて ポケットをスライドさせる

扉裏のフチ（または頭上の棚の裏）に
強力両面テープで**カーテンレール**を取りつけ、
ウォールポケットをかけるとスライド式収納スペースに。
ピアス、イヤリング、指輪など
小さいアクセサリーの指定席に。
使うときは中央に、使わないときは端にスライドさせて。

簡単！Tシャツのたたみ方

■つまむ位置の目安

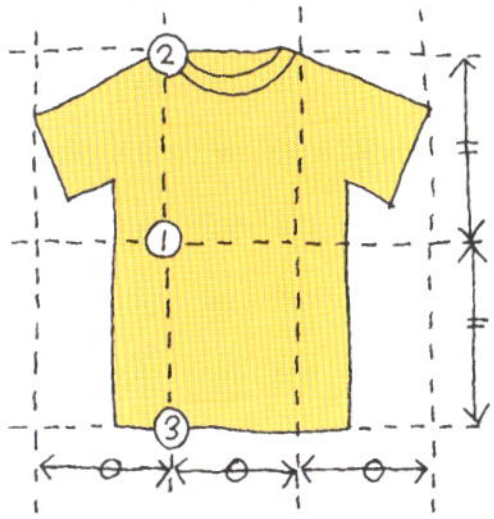

1
左手で上図の①の位置をつまみ、右手で②をつまむ

2
②をつまんだまま、右手を上図の③の方向に持っていく

3
②と③を重ね合わせる

4
右手で②と③を一緒につまむ。このとき、両手は交差している状態

5
交差している状態から、①をつまんだ状態のまま、左手を手前に引き出す

6
形をきれいに整える。さらに半分にたたんだら、できあがり！

慣れれば5秒でたためますよ！

リビング

家族がくつろぐ空間であり、ときにお客さんを迎える場所でもあるリビングは、いつもきれいにしておきたいものです。視界に入る場所にモノを増やさない工夫をすれば、スッキリ見えます。場所別ルールをつくりましょう。

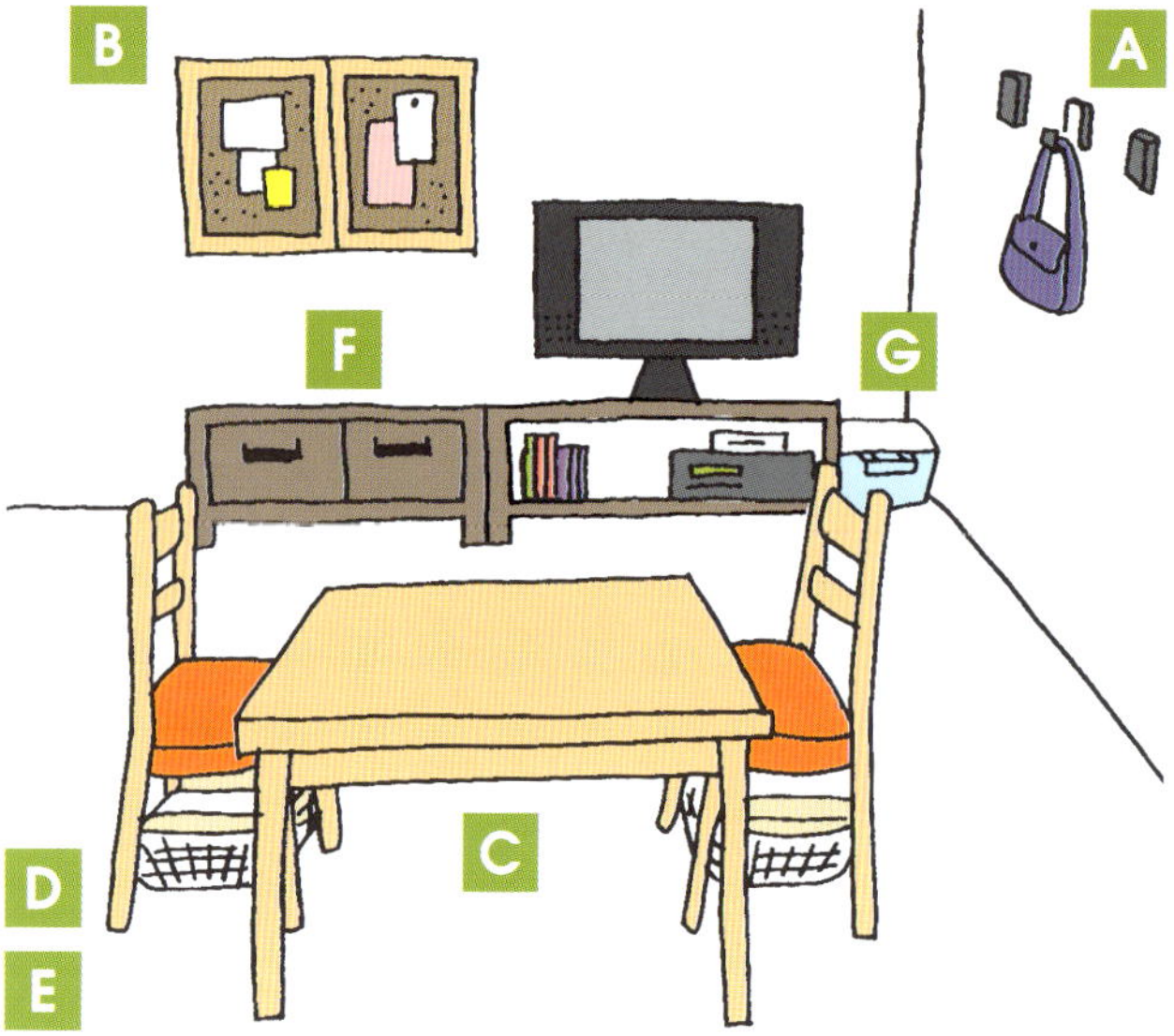

A 外出後に着替えた服や使ったバッグはあえて目立つ場所に一時置き

外出から戻って着替えた服やバッグを
指定席に戻すのが面倒なとき、
ソファの上などに放置してしまいがち。
あえて、いちばん目立つ壁を
一時置き用スペースにすれば、
いつも目に入るので、
落ち着いたときにすぐ片づけることができる。
ただし、あくまでも一時置き場なので
置きっぱなしにしないように気をつけて。

B メモや割引券は隠せるコルクボードに貼って

コルクボード2個を**蝶番**でつなぐと、開閉式ボードに変身。閉じたときの外側には、お気に入りの写真やポストカードを、内側には、雑多になりやすいメモや割引券などを貼る。ふだんは開いたまま実用的に活用して、来客時にはボードを閉じて隠して、と2通りの使い方ができる。ボードの枠に**粘着面ファスナー**を貼ると、ぴったり閉まる。

C ティッシュや読みかけの新聞などはテーブル裏に平ゴムなどで挟む

テーブル裏は目につきにくいので、隠れた収納スペースに。

平ゴム2本を画びょうで留め、ティッシュの箱を下向きに挟むと、ティッシュ置き場のできあがり。ティッシュも最後まで使いやすい。

読みかけの新聞などは、**粘着式タオルかけ2本を貼りつけて**、間に挟む。

生活感のあるアイテムをテーブルの上でなく裏に収納することで、一気にスッキリする。

D 散らかりやすいオモチャは椅子の脚にかけたカゴを指定席に

椅子の下も、実は重宝するスペース。
両脚に**S字フック**をかけて**プラカゴ**を固定し、
床に散らかりがちなオモチャや
お気に入りグッズを収納しよう。
子どもの目線に近い高さに指定席を決めると、
子どもにも片づけの習慣がつく。

E テレビやエアコンのリモコンはいつも座る場所の近くに貼る

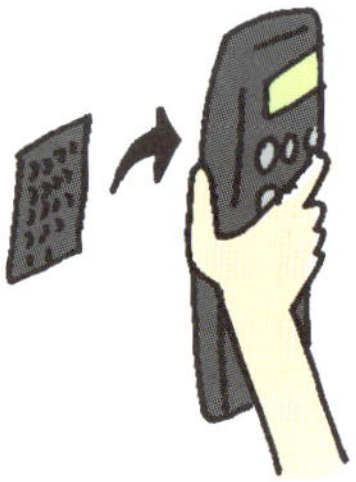

探しモノの代表であるリモコンは、
自分や家族がいつも座っている位置の
近くを指定席にするのが正解。
たとえば壁ぎわのソファに座ることが多いなら、
一例として、その近くの柱とリモコンの両方に
粘着面ファスナーを貼り、リモコンを柱に取りつける。

F 家計簿セット、お手紙セットなど作業目的別にアイテムをまとめる

ひとつの作業につき複数のアイテムが必要な場合、
すべてのモノを1か所にまとめておこう。
たとえば家計簿セット
(ペン、電卓、ノート、レシート類)は、
まとめて**カゴ**に入れて指定席へ。
ひとつひとつを探したり戻したりする
手間が減ってとても便利。

G 見た目が美しくない配線コードはボックスに隠して賢く収納

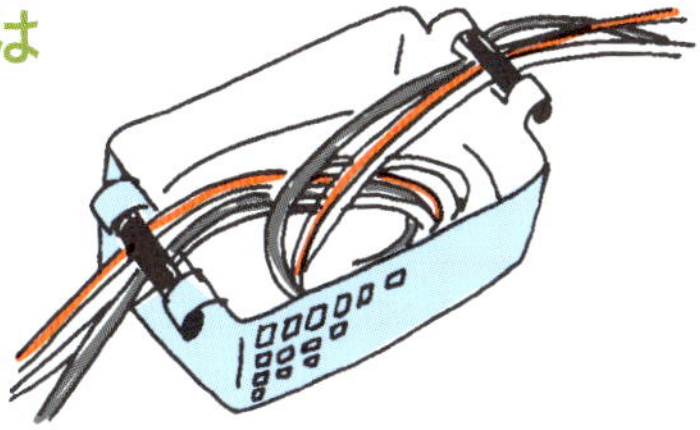

からまりやすい配線コードは、
プラカゴや箱に隠して。
持ち手の穴からコードを出せば、
見違えるようにスッキリ。
電気を帯びたコードはほこりを集めやすいけれど、
この方法なら箱を持ち上げるだけで、
こまめに掃除できる。

H DVDやCDは数を厳選してタイトルが見えるように縦置き

DVDやCDは、
持っているモノをすべて平積みしていると
取り出しにくく、乱雑感が増す。
「10枚だけ」などと数をしぼって、
お気に入りの作品や
新しく買った作品などを厳選し、
あえて見せる収納に。
タイトルが見えるよう縦置きにして。

I 取扱説明書と保証書はファイルに入れて指定席に

家電製品の取扱説明書は、
保証書も一緒にホチキスでまとめて、
A4サイズの蛇腹ファイルに保管。
主な目的別（パソコン本体＆ディスプレイ＆
プリンタ組、テレビ組など）に分け、
インデックスタブをつけて
それぞれに指定席をつくる。

J

思い出アイテムは
新鮮なうちにデータ化する

増える一方で保管に困りやすい写真は、
プリントしてアルバムに貼るより、
データ化するほうがより多くの枚数を長く保存できる。
フィルム１本まるごとＣＤ化するお店もある。
子どもの制作物も、完成したらすぐ撮影してデータで管理。
実物も保存しておきたいなら、
３か月ほど飾ったら箱などに収納して劣化を防ごう。

情報の鮮度ってどれくらい？ 賞味期限をつけてみよう

新聞・雑誌の情報はアシが早いモノ（食べモノにたとえると、腐りやすい）。理想としては、読むと同時に気になった記事や必要な情報を切り抜いて、A4サイズのファイルにまとめる。それ以外はカゴや紙袋でつくった指定席に入れていく。賞味期限をつけて処分していこう。

	賞味期限	処分するタイミング
新聞	当日かぎり	★毎日処分が理想的 ★面倒なら、2週間〜1か月分たまったら処分
週刊誌	1週間	★次号が出たとき ★面倒なら、1か月分たまったら処分
月刊誌	1か月	★次号が出たとき ★面倒なら、3か月分たまったら処分

簡単! ファブリックボードのつくり方

材料
■お好みの布
＊ボードより縦横各10cmほど大きめにカットしておく
■コルクボード　■タッカー

1

布の裏面に
コルクボードを置き、
布を折り返して、
ボードの外枠の中央を
タッカーで留める

2

外枠の左右の角など、
計5か所ほどを
タッカーで留める。
もう1辺も、布をしっかり
引っぱりながら、
同様に留めていく

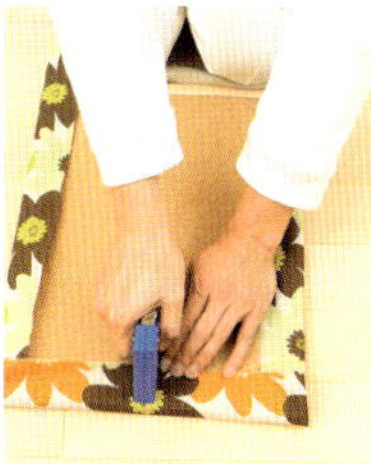

3

短いほうの2辺も
同様に、中央から順に
タッカーで留めていく

4

布の角は、
三角形にして
内側に折り込むと、
美しく見える

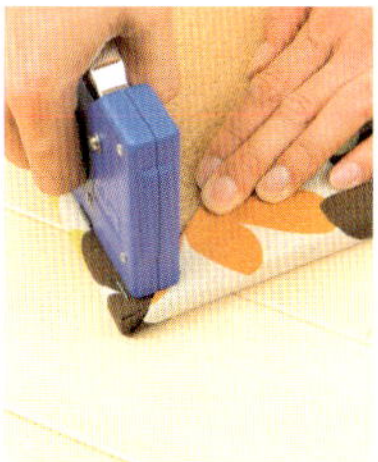

5

(4)で折り込んだ
部分を、タッカーで
留める。ほかの角も
同様に留めていく

6

できあがり!
壁に飾って
メモや写真を
貼ろう

好きな柄で
つくってみて♪

■コルクボード2種、タッカー／ダイソー　■布2種／クラフトハートトーカイ

Epilogue

ぼくの整理&収納マジックは幸せになるためのお手伝いです！

2年前に上京してから、ぼくの環境はずいぶん変わりました。「整理収納アドバイザー」としての仕事をはじめた当時は、すべてが手探り状態。現場では懸命に片づけテクニックを披露し、帰宅してからは必死に勉強する日々。いまでも毎日いろいろなアイデアを練っていますが、試行錯誤して、なんとかカタチになってきたように思います。そして今回、まさか整理&収納に関する書籍を出版できるなんて、本当に夢のようです。

この仕事はなかなか大変ですが、それ以上に、やりがいがあります。いろんな現場でお部屋をきれいにすると、片づけに悩んでいたみなさんの顔がパァ〜ッと明るくなって、笑顔があふれ、本当に幸せそう。ぼくね、いつもこう言うんです。

「整理&収納の先には笑顔が待っていますよ。『整理〝笑〟納』ですよ！」

まだまだ通過点ですから、これからもみなさんに喜んでいただけるような収納アイデアを考え、整理&収納のすばらしさを伝えるために全国を回りたい。そしてより多くの人に、ハッピーな生活を送ってほしい。

これがぼくの理想、〝喜笑愛楽《きしょうあいらく》〟です。

SHOP LIST

※Part2で登場した買い足しグッズと、P109の材料は2011年7月時点に購入した商品です。
時期や店舗によって取り扱い商品が異なりますのでお近くの店舗にお問い合わせください。

★ 100円ショップ

キャンドゥ …… TEL 03-5944-4111　http://www.cando-web.co.jp

シルク …… http://www.watts-jp.com/brands/meets.html

ダイソー …… TEL 082-420-0100　http://www.daiso-sangyo.co.jp

ナチュラルキッチン …… http://www.natural-kitchen.jp

★ ホームセンター

コーナン …… http://www.hc-kohnan.com

★ インテリアショップ

ニトリ …… http://www.nitori.co.jp

★ 手芸店

クラフトハートトーカイ …… http://www.crafttown.jp/

商品協力

BLACK&DECKER（P91 電動ドライバー）

Rats Design Room（P103　収納王子コジマジックのお手伝いTシャツ）
…… http://store.shopping.yahoo.co.jp/rats/334.html

撮影協力

三井ホーム 駒沢公園第2モデルハウス　TEL 03-3704-8131

STAFF

制作協力 …… 松竹芸能株式会社

撮影 …… 長尾浩之

イラストレーション …… 宇田川一美

図面＆似顔絵 …… 片山なのあ（P50、66、80）

ブックデザイン …… 田中公子、廣木理恵（tenten graphics）

ヘアメイク …… 菅野史絵（クララシステム）

衣装協力 …… 大原数馬（CREATION）

現場アシスタント …… 伊藤寛子、臼井由美（整理収納アドバイザー）

校正 …… エヌ・オフィス

取材＆執筆 …… 大久保寛子

編集 …… 石井智秋（アスペクト）

収納王子コジマジック

本名・小島弘章。1972年11月13日、岡山県生まれ。94年から松竹芸能所属の漫才コンビ「オーケイ」のツッコミ担当として活躍し、数々の新人賞を受賞。その一方で、無類の収納好きがこうじて整理収納アドバイザー1級／2級認定講師免許を取得。“収納王子コジマジック”として、テレビ・ラジオ・雑誌などに多数出演。整理収納に“笑い”を取り入れた収納セミナーや認定講座、収納プランニングや収納グッズの開発など、活動の場を広げている。監修本に、『収納王子コジマジックの100円グッズ・カラボ・スノコで絶対片づく！収納600』（学研パブリッシング）がある。

公式ホームページ
http://kstyle-co.jp/

公式ブログ
http://ameblo.jp/kojimagazine/

収納王子《しゅうのうおうじ》コジマジックの魔法《まほう》のかたづけ術《じゅつ》

2011年10月17日　第1版第1刷発行
2012年 1 月 5 日　第1版第4刷発行

著　者　収納王子《しゅうのうおうじ》コジマジック

発行人　高比良公成

発行所　株式会社アスペクト
〒101-0054 東京都千代田区神田錦町3-18-3 錦三ビル3F
電話　03-5281-2551　FAX　03-5281-2552
ホームページ　http://www.aspect.co.jp

印刷所　株式会社精興社

*本書の内容を無断で複製、複写、放送などをすることは、かたくお断りいたします。
*本書のコピー、スキャン、デジタル化などの無断複製は
著作権法上での例外を除き禁じられています。
本書を代行業者等の第三者に依頼してスキャンやデジタル化することは、
たとえ個人や家庭内での利用であっても著作権法上認められておりません。
*落丁本、乱丁本は、お手数ですが小社営業部までお送りください。
送料小社負担でお取り替えいたします。
*本書に対するお問い合わせは、郵送、FAX、またはEメールinfo@aspect.co.jpにて
お願いいたします。電話でのお問い合わせは、ご遠慮ください。

©Kojimagic 2011 Printed in Japan

ISBN978-4-7572-1977-9